Diogenes Taschenbuch 154

W0013231

Über Simenon

Herausgegeben von
Claudia Schmölders und
Christian Strich

Diogenes

Der Vortrag *Der Romancier* von Georges Simenon
sowie sämtliche fremdsprachige Beiträge dieses
Bandes – außer Julian Symons' – erscheinen
hier erstmals in deutscher Sprache.
Nachweise am Schluß des Bandes.

Erstausgabe
Alle Rechte vorbehalten
Copyright © 1978 by
Diogenes Verlag AG Zürich
ISBN 3 257 20499 X

Inhalt

Anhang

»Je älter ich werde und je mehr ich schreibe, desto bewußter wird mir, wieviel Hochmütiges daran ist.«

Georges Simenon
Der Romancier
Ein Vortrag

Meine Damen und Herren!

Ich bin mir darüber klar, daß ich Ihnen zumindest zwei Enttäuschungen bereiten muß. Die erste haben Sie bereits erlebt. Sie haben gemerkt, daß ich zur trübsten und wohl auch zweifelhaftesten Gattung der Redner gehöre, zur Gattung der sitzenden Redner, die ein Glas Wasser vor sich haben und durch eine Art Nabelschnur fest an ihre Blätter gebunden sind, die sie mit der kalten Grausamkeit einer Maschine abhaspeln. Was sage ich? Redner? Nicht einmal das bin ich, wie ich zugeben muß. Und ich bin diese Arten von Feierlichkeit so wenig gewohnt, daß ich mir ziemlich naiv vorgenommen habe, ungezwungen und mit leeren Händen vor Sie zu treten. Ich sah mich vor mir, wie ich mich auf dem Podium bewege, stehenbleibe, um ein Bonmot zu unterstreichen und Sie durch meine Beredsamkeit, kurz, durch meine Inspiration zu blenden.

Das war vor etwa einem Monat, als ich Pierre Bédard telegraphierte, seine schmeichelhafte Einladung anzunehmen. Ich war in Kanada in einem Blockhaus am Ufer eines Sees. Von dort aus erschien mir alles leicht. Aber schon im Zug, der mich nach New York brachte, fühlte ich mich nicht mehr so sicher. Ich fragte mich, ob ich nicht besser daran täte, mir einige Notizen zu machen. Das ist noch recht eindrucksvoll: der Herr, der nur ein paar winzige Zettel in der Hand hält, auf die er hin und wieder einen nachlässigen Blick fallen läßt. Nun gut! Doch wie so die Tage und vor allem die Nächte vergingen, wurden diese Zettel allmählich zu einer Art Alptraum. Und wenn ich sie, einmal auf dem Podium, durcheinanderbrachte? Wenn ich die Bedeutung einer Notiz vergessen und den Faden meiner Gedanken verlieren sollte?

Der Alptraum ist zum Bammel geworden, zu jenem Lampenfieber, das die Schauspieler so gut kennen, und deshalb, meine Damen und Herren, habe ich mich in letzter Minute darauf beschränkt, ein vorlesender Romancier zu sein, der Herr, der Seite um Seite umblättert, während die Zuhörer im Saal mit einem Blick auf den abnehmenden Stapel auszurechnen versuchen, wie lange ihre Marter noch dauert.

Die zweite Enttäuschung: Man hat Ihnen – und daran bin ich allein schuld – eine Plauderei über den Roman oder den Romancier, das weiß ich nicht genau, angekündigt. Da man ein Thema brauchte. Weil ich gedacht habe, daß ein Romancier selbstverständlich über den Roman sprechen muß. Und ich war überzeugt davon, daß das einfach sei. Nun habe ich aber gemerkt, daß ich total unfähig bin, zu Ihnen über den Roman zu sprechen. Und wenn Sie erlauben, werde ich versuchen, Ihnen zu erklären, warum; damit Sie mir diese zweite Täuschung nicht allzu übelnehmen.

Sehen Sie, ein Romancier ist nicht unbedingt ein intelligenter Mensch. Einige von ihnen sind es natürlich. Ich möchte nicht diejenigen meiner Kollegen gegen mich aufbringen, die über diese hervorragende Eigenschaft verfügen. Aber einige sind es eben nicht. Und das ist keineswegs ein Paradox. Es gibt das, was ich den reinen Romancier nennen möchte, den Menschen, der Romane komponiert, wie andere Steine behauen oder Bilder malen, den

Romancier, der bewußt oder nicht, meist jedoch unbewußt, menschliche Dokumente um sich sammelt, in sich aufstaut, bis er daran zu ersticken droht und sich schließlich gezwungen sieht, die für einen einzelnen Menschen übermächtigen Gefühle auszudrücken. Warum wollen Sie, daß dieser Mensch intelligent sei? Oft schadet ihm der analytische Geist, wie ich meine; ich spreche dabei immer von der bewußten, vernunftbestimmten Analyse.

Ich frage mich, ob der kritische Geist für ihn nicht eine Fessel bedeuten würde. Sie sehen, ich treffe meine Vorsichtsmaßnahmen, bevor ich Ihnen unumwunden gestehe, daß ich keinerlei kritischen Geist besitze, auch keinen analytischen, und ich fühle mich im Umgang mit Ideen schwerfällig wie ein Bauarbeiter. Das Wort »Arbeiter« gefällt mir übrigens, und wenn Sie wollen, könnte man sagen, ich sei ein Literaturarbeiter. Denken Sie an den Maurer, wenn Sie von Architektur sprechen. Er trägt seinen Stein herbei. Er legt ihn hin, er fügt ihn ein. Man verlangt nicht mehr von ihm als eine saubere Arbeit. Wollen Sie sich mit ihm angeregt unterhalten? Reden Sie weder von Kunst noch von Politik oder Wirtschaft, sondern von seinem Maurerhandwerk, und ich bin überzeugt, daß Sie nicht enttäuscht sein werden.

Ich verbringe den größten Teil meines Lebens [1945!] auf dem Lande, wo es keine Zerstreuungen gibt und man die meiste Zeit im Umkreis von fünfzig Meilen keinen einzigen gebildeten Menschen findet. Freunde bedauern mich.

»Wie kannst du nur monatelang ohne jemanden leben, mit dem du reden könntest?«

»Aber ich rede den ganzen Tag.«

Das erstaunt sie. Das verstehen sie nicht. Sie begreifen nicht, daß jeder Mensch etwas zu sagen hat, daß jeder Mensch interessant ist, wenn er von dem spricht, was er kennt, das heißt, *von seinem Handwerk*. Mein Landarzt zum Beispiel, der sich abends vor dem Kamin hinreißen läßt, von seinen Kranken und ihren Geschichtchen zu erzählen! Ich habe im Umgang mit Landärzten mehr über die menschliche Natur gelernt als aus den Büchern der Philosophen. Ein Schmied, der von seiner Schmiede spricht ... Ein Schreiner an seiner Hobelbank ... Ein Landwirt, den man mit schwerem Schritt auf seinen Feldern begleitet. Man darf sie natürlich nicht auf das Gebiet der reinen Ideen bringen, denn dann verlieren sie augenblicklich ihre ganze Kraft, all ihre Originalität und reden wie die erste Seite der Tageszeitungen.

Warum sollte ein Romancier, frage ich Sie, im Umgang mit Gedanken geschickter sein als ein Dorfarzt oder ein Landarbeiter? Ich bin immer über die Fragen überrascht gewesen, die uns die Journalisten stellen, wenn sie uns interviewen.

»Wie denken Sie über die Nachkriegszeit? Über die russische Frage? Die Atombombe? Arbeitslosigkeit oder Streik?«

Ich denke mir nichts darüber, was soll's! Und es ist sehr selten, daß mich ein Reporter, sicher aus Phantasielosigkeit, einfach bittet, über meinen Beruf zu sprechen.

Wollte ich jedoch zu Ihnen über den Roman im allgemeinen sprechen und damit beginnen: »Der Roman ist ...«

Ja, was ist er denn? Das ist mir zu weitläufig. Und ich würde Ihnen nur Dummheiten oder Banalitäten erzählen. Geht man vom Bestehenden aus, so sieht man nur das Bestehende, und das ist mein Fall. Die anderen Romanciers? Ich kenne sie nicht oder kaum; es steht mir also nicht an, über sie zu sprechen.

Woher kommt der Roman und wohin geht er? Das ist

ein wunderbares Thema, das aber unbedingt von außen und nicht von innen betrachtet werden muß. Damit ist es die Angelegenheit von einem Kritiker oder irgendeinem Philologen.

All dies, meine Damen und Herren, sei vorausgeschickt, um zu bekennen, daß ich nicht, wie angekündigt, über den Roman sprechen werde und auch nicht über die Roman-schriftsteller, sondern nur über einen von ihnen, den einzi-gen, den ich einigermaßen kenne, das heißt, ich werde über mich selbst sprechen.

Ich möchte, daß Sie verstehen, daß dies nicht aus Über-heblichkeit, sondern im Gegenteil aus Bescheidenheit geschieht, da ich mich unfähig fühle, über etwas anderes zu sprechen. Ich kann Sie übrigens beruhigen, daß dabei nicht von meinem Werk die Rede sein wird, das eine solche Ehre nicht verdient, und auch nicht von meinen Ambitionen. Ich will Ihnen nur etwa sagen:

»So bin ich Schreiner... Verzeihung, Romancier geworden... Hier ist die Werkbank, hier liegen die Werkzeuge... Das wird so und so gemacht... Will man ein Möbelstück, ich meine, einen Roman anfertigen, beginnt man mit diesem Vorgang...«

Das soll nicht bedeuten, daß andere das nicht ganz anders machen könnten, verstehen Sie? Hört man jedoch einem Handwerker zu, kann man sich eine kleine Vorstel-lung von seinem Beruf machen. Das ist mein ganzer Ehr-geiz heute.

»Wie sind Sie Romancier geworden? Wann, wie sind Sie auf die Idee gekommen, Romane zu schreiben?«

Eine klassische Frage, die man uns immer wieder stellt. Und bis auf ein paar Ausnahmen kommt immer dieselbe Antwort. Ich glaube, ich war noch nicht dreizehn Jahre alt, als ich mich entschlossen habe, mein Leben dem Schreiben zu widmen. Warum? Es würde mich Mühe kosten, es zu sagen, und noch schwerer wäre es mir gefallen, mich damals zu erklären. Mein Vater schrieb nicht. Weder ein Verwandter noch jemand in unserem Freundes- und Bekanntenkreis. Dennoch antwortete ich: »Ich werde schreiben . . .« Und da ich mir nicht vorstellen konnte, daß Schreiben ein Beruf sein könnte, daß ein literarisches Werk geeignet wäre, zum Lebensunterhalt eines Menschen beizutragen, kündigte ich meinen Eltern an:

»Ich will Priester oder Offizier werden!«

Sie haben dieses Dilemma nie begriffen. Warum Priester oder Offizier? Hundertmal haben sie mir diese Frage gestellt, auf die ich mich beharrlich zu antworten weigerte. Weil mir mein Wunsch, zu schreiben, wie ich zugeben muß, wenn nicht gerade als etwas Beschämendes, so doch als einer dieser Träume erschien, über die man nicht sprechen darf. Priester oder Offizier. Ich sah unseren Gemeindepriester langsam durch den Garten des Pfarrhauses gehen und in seinem Brevier lesen. Ich sah die Offiziere in unserer Stadt kommen und gehen, zu Pferd oder zu Fuß und zu jeder Stunde des Tages. Der eine wie der andere hatte also Muße. Ihr Beruf und selbst ihre Kleidung verliehen ihnen eine Art Adel, der nach meiner Vorstellung zur Rolle des Schriftstellers paßte. Schließlich ein noch naiverer Grund: sie hatten saubere Hände, weder der eine noch der andere mußte grobe Arbeit tun, die ihre Hände schwielig und steif hätte machen können.

Die Gymnasialjahre gingen vorüber. Wie mancher andere schrieb ich abscheuliche Verse. Und wie mancher andere habe ich in der dritten Klasse eine Art Schülerzeitung gegründet, die es nur zu zwei Nummern gebracht hat, und deretwegen ich beinahe von der Schule geflogen wäre. Ich brauche nicht hinzuzufügen, daß sie keinen

Respekt vor den Lehrern zeigte. Ich erzähle Ihnen diese uninteressanten Details, weil ich wie jedermann das Leben der meisten älteren Schriftsteller gelesen habe und mich an keinen einzigen erinnere, der eine Ausnahme von der Regel gebildet hätte: alle haben zu einer bestimmten Zeit das Bedürfnis gespürt, eine Zeitschrift zu gründen und damit ihre Lehrer zu kränken. Alle sind beinahe von der Schule geflogen, und ich glaube, einige wirklich.

Ich behaupte nicht, daß dies eine conditio sine qua non sei, ein unerläßliches Zeichen der Berufung, und ich möchte nicht die Romanschriftstellerkandidaten entmutigen, die vielleicht *keine* Schülerzeitung gegründet haben.

Ich frage mich allerdings, ob darin nicht ein Hinweis liegt. Offenbart sich hier nicht das Bedürfnis, die beobachteten Personen selbständig *neu zu schaffen?* Denn in derlei Zeitungen stehen fast nie geistige Auseinandersetzungen. Andere Schüler veröffentlichen oder diskutieren philosophische oder politische Fragen. Aber die werden keine Romanciers. Was den künftigen Romancier charakterisiert, ist, glaube ich, sein instinktives Bedürfnis, Lebewesen *neu* zu schaffen, oder, wenn Sie einen anspruchsvolleren Terminus vorziehen, *den menschlichen Teig zu kneten.* Auch ist er recht selten ein Vorbild für gutes Betragen. Muß man nicht, um Leben zu schaffen, es mit allen Poren in sich aufnehmen? Muß man sich nicht viel an ihnen gerieben haben, um Menschen zu bearbeiten, um Menschen wiederherzustellen? Daher kommt nahezu notwendig ein schrecklicher Hunger, ein schreckliches Verlangen nach Leben, dem Leben in all seinen Erscheinungsformen, ein Bedürfnis, sich bis zum Erbrechen ins Menschliche hineinzustürzen.

Mit siebzehn Jahren war ich gezwungen, meinen Lebensunterhalt zu verdienen und wurde Reporter.

Warum? Ich weiß es nicht. Ich hatte nie eine Zeitung gelesen. Ich hatte keine Vorstellung von Politik. Ich hätte sogar nur mit Mühe sagen können, welche Parteien sich in der Kleinstadt gegenüberstanden, in der ich lebte. Und dennoch trat ich an dem Tag, an dem ich mir einen Job suchen mußte, ohne weiteres, ja, unvermeidlich in den dunklen Flur einer Zeitung und klopfte an die Tür des Direktors. Wie viele andere hatten vor mir den gleichen Schritt getan, und sicher mit dem gleichen Unwissen, der gleichen Leichtfertigkeit, aber auch mit dem gleichen Instinkt?

Denn ich finde kein anderes Wort, keine andere Erklärung. Hier unter dem schweren Geruch von geschmolzenem Blei und Druckerschwärze sammelte sich das ganze Leben der Stadt. An »menschlichem Teig« mangelte es nicht, die Rotationsmaschinen waren voll davon. Denn alles ist menschlich, was diese Maschine verschlingt; fünfzigtausend erwartungsvolle Personen zittern vor einem Boxkampf oder einer politischen Versammlung; ein Auto- oder Straßenbahnunfall verändert das Leben mehrerer Existenzen, ist das blutige Drama, das Familien zerrüttet; der Herumtreiber, der Dieb, der bleiche Gassenjunge, der Süchtige, dem seine Droge fehlt, der Politiker, der um Stimmen gebettelt hat, oder der biedere Mann auf der Suche nach einer Auszeichnung, dem Vorsitz in irgendeiner Gesellschaft, nach einer Sache, nach irgend etwas, was ihn aus seiner Mittelmäßigkeit befreit ...

Ist es für einen jungen Mann nicht wunderbar, sich in all das hineinzustürzen? Alle Türen öffnen sich plötzlich. Die Mauern verlieren ihre Undurchdringlichkeit. Man dringt in die Geheimnisse des Lebens ein. Man rennt mit dem Notizblock in der Hand zu dem noch warmen Leichnam, man folgt der Polizeistreife, man streift um den gefesselten Mörder in den Gängen des Justizpalastes, man mischt sich unter die Streikenden, unter die Arbeitslosen und was weiß ich! Wenige Minuten vorher war ich bloß ein sprachloser Gymnasiast. Ich brauchte nur eine Schwelle zu überschreiten, mich zitternd einem bärtigen Herrn mit schwarzen Fingernägeln zu erklären, der eine Art Orakel für die Durchschnittsleser seiner Stadt war, und schon konnte ich glauben, die Welt gehöre mir.

Säße ich heute an der Stelle des bärtigen Direktors und sähe ich einen angehenden Reporter von siebzehn Jahren hereintreten, der vor Stolz und Demut zugleich zittert, so hätte ich sicher freundlich zu ihm gesagt: »Mein junger Freund, ich stelle Sie ein. Ich stelle Sie ein, aber ich weiß sehr wohl, daß unter Ihrem Löschblatt öfter Romanseiten liegen werden als Lokalnachrichten.

Sie wissen es wahrscheinlich selbst noch nicht genau, aber ich weiß es, weil es gleichsam unveränderliche Regeln dafür gibt, daß Sie hier nicht so sehr den Beruf des Journalisten erlernen, um den Sie sich nicht kümmern, sondern Ihr Handwerk als Mensch und Romancier.

Ich verlange von Ihnen nichts weiter, junger Mann, als daß Sie mich nicht zum ersten Opfer Ihrer literarischen Versuche erwählen.«

Denn natürlich, wie es viele andere vor mir gemacht hatten und es ebenso viele sicherlich nach mir tun werden, war es meine erste Sorge, nachdem ich einmal zur Zeitung gehörte, einen Roman zu schreiben. Und natürlich ist meine erste Hauptperson mein eigener Direktor gewesen. Muß ich Ihnen gestehen, daß es dem Porträt an Nachsicht fehlte? Was sage ich? Man hat in jenem Alter wahre Reichtümer an Grausamkeit zu verschwenden. Nicht allein mein Direktor kam an die Reihe, sondern auch meine Kollegen und, was noch viel schwerer wiegt, sogar einer meiner Onkel, mein einziger Erbonkel, das angesehenste und am meisten respektierte Mitglied der Familie.

Wenn ich Ihnen das erzähle, so deshalb, weil ich immer dem Faktum auf der Spur bin.

Ich hätte das Manuskript in meiner Schublade bewahren können und müssen, zumal sein literarischer Wert mehr als anfechtbar war. Ich habe es nicht getan. Ich konnte es nicht. Ich bin zu den Verlegern, in die Druckereien gelaufen, ich habe mit der wunderbaren Leichtfertigkeit meiner siebzehn Jahre Himmel und Hölle in Bewegung gesetzt. Dem Autor eines gewichtigen Werkes wäre es in unserer kleinen Stadt sicher nicht gelungen, sich schwarz auf weiß gedruckt zu sehen. Der Bengel, der ich war, hat es erreicht, und ich frage mich heute noch, wie. Das Buch ist erschienen, ein wenig dünn, etwas blaß, und selbstverständlich hatte ich nichts Eiligeres zu tun, als es mit einer Widmung meinen Opfern, zuallererst meinem Direktor sowie meinem Erbonkel, zu schicken.

Leichtsinn? Zweifellos. Eine Herausforderung? Vielleicht ein wenig.

Ich glaube allerdings, daß das noch komplizierter ist, daß es Handlungen gibt, die wir nicht unterlassen können, weil vor uns all die anderen, die den gleichen Weg gegangen sind, ebenso gehandelt haben. Wie ich auf dem Gymnasium, selbst auf die Gefahr hin, vor die Tür gesetzt zu werden, meine ausgezeichneten Lehrer in einer lächerlichen Zeitung karikiert hatte, nahm ich, kaum ins Leben getreten, die aufs Korn, die mir eben herzlich ihre helfende Hand reichten.

Außer meinem Erbonkel, den ich daraufhin nie wiedergesehen habe und der dann gestorben ist, ohne daß mich sein Notar zu sich gerufen hätte, hat mir das keiner nachgetragen. Will ich jedoch ganz aufrichtig sein, so habe ich ihnen ihre Gleichgültigkeit verübelt, die ich für Verachtung gehalten habe. Ich glaubte, ich hätte eine Bombe gezündet, die Himmel und Erde erschüttert. Aber ich hatte nur einen Knallfrosch losgelassen, der niemandem Angst eingejagt und über den man einfach gelächelt hat.

Ich hätte allen Traditionen widersprochen, wie Sie sich denken können, wenn ich meiner kleinen Stadt nicht eine überlegene Verachtung gezeigt und beschlossen hätte, allein Paris sei würdig, mich zu empfangen. Sich in Paris und vornehmlich in Montmartre durchzuschlagen, ist für einen angehenden Romancier ebenso unerläßlich wie die kleine Schülerzeitung und der erste Roman über seine Vorgesetzten und seine Verwandten.

Ich bin also nach Paris gegangen und habe dort ein Hotelzimmer unter dem Dach bewohnt, eine Mansarde, in der ich mir den Kopf an der Decke stieß, wenn ich einmal morgens aus dem Bett aufsprang. Doch selbst wenn ich Geld gehabt hätte, ich hätte trotzdem diesen dumpfen Ort vorgezogen, weil er der Tradition entsprach und ich geglaubt hätte, die Literatur zu verraten, wenn ich in einem komfortableren und banaleren Zimmer gehaust hätte.

Das Zimmermädchen des Hotels wohnte in der Mansarde nebenan, und auf dem Flur putzte es bis in die Nacht hinein die Schuhe der Gäste. Urteilen Sie, ob die Götter nicht auf meiner Seite standen! Dieses bescheidene Mädchen war die Cousine eines Schriftstellers, der im gleichen Jahr mit dem Prix Goncourt ausgezeichnet worden war und dessen Porträt in allen Buchhandlungen hing. Mir schien – lachen Sie bitte nicht –, die Nachbarmansarde bewohnen hieße bereits, ein wenig am Ruhm des berühmten Cousins teilzuhaben.

Ich begegnete der Colette, der großen Colette, die damals die literarische Leiterin des *Matin* war und der ich meine ersten Erzählungen brachte.

»Sehen Sie, mein Kleiner, das ist zu literarisch, viel zu literarisch.«

Bewunderungswürdige Colette! Sie hatte diesen herrlichen Euphemismus gefunden! Literarisch bedeutete, daß die Texte geschraubt wirkten, unerträglich geschraubt.

Ich hatte im Grunde den Ehrgeiz, den Puls der Welt in anderthalb Spalten einzufangen, und ich wäre ungehalten gewesen, wenn man mich darauf hingewiesen hätte, daß das Publikum nur will, daß man ihm einfach eine Geschichte erzählt. Eine Geschichte! Stellen Sie sich vor! Ich sollte mich herablassen, eine Geschichte zu erzählen! Wo ich doch das Universum in mir trug und das Universum zum Ausdruck bringen wollte!

Jede Woche kam ich mit neuen Erzählungen zum *Matin*, aber die Colette ließ sich nicht erweichen.

»Noch immer zu literarisch, mein Kleiner ... Sie müssen dem Publikum entgegenkommen ... Eine Zeitung wird im Autobus, in der Metro gelesen ... Der Leser hat nicht die Zeit, hohe Literatur zu verdauen ...«

Kürzlich habe ich in einem Ordner mit der Aufschrift *Abgelehnt* die Erzählungen wiedergefunden, die ich unbedachterweise dieser wunderbaren Frau vorgelegt hatte, und ich habe endlich begriffen, *wie* wunderbar sie gewesen ist.

Denn das Wunder ist eingetreten: am Ende ging mir ein Licht auf. Ich habe Monate dazu gebraucht.

»Immer noch etwas zu literarisch, mein Kleiner ... eine Geschichte! Erzählen Sie ganz einfach eine Geschichte ... Der Rest kommt dann von selbst ...«

Als ich es begriffen hatte, ging ich nicht mehr zum

Matin, weil ich mich schämte, und ich habe die Colette als Freundin erst Jahre später wiedergesehen. Ich mußte lernen, eine Geschichte zu erzählen.

Diese Lehrzeit hat zehn Jahre gedauert, und ich bin nicht ganz sicher, ob sie zur Stunde endgültig abgeschlossen ist.

Geschichten erzählen heißt Menschenleben gestalten, oder anders ausgedrückt, Menschen zum Leben erwecken, soviel Menschliches wie möglich auf den zweihundert oder fünfhundert Seiten eines Buches einfangen. Je älter ich werde und je mehr ich schreibe, desto bewußter wird mir, wieviel Hochmütiges daran ist. Etwas so Hochmütiges, daß ich nur ein Wort gefunden habe – nehmen Sie das um Himmels willen nicht als Gotteslästerung –, daß ich nur ein Wort gefunden habe, sagte ich, um meinen Gedanken auszudrücken:

»Der vollkommene Romancier müßte eine Art Gottvater sein . . .«

Menschen schaffen . . . eine Welt am ausgestreckten Arm halten . . . Ist eine Gestalt bei Balzac, Dickens, Poe oder Dostojewski nicht genauso wirklich wie jene, die Ihnen auf der Straße begegnen? Kennen Sie Madame Bovary nicht besser als Ihre intimste Freundin?

Und dennoch hat die Colette zu mir gesagt:

»Vor allem keine Literatur!«

Und sie hatte recht.

Eine Geschichte erzählen, zunächst ganz einfach, mit dem Fleiß des Tischlers an seiner Werkbank. Das Wunder kommt oder es kommt nicht, der Rest stellt sich von selbst ein oder auch nicht.

Nachdem ich so hochmütig gewesen war, wurde ich plötzlich so bescheiden, daß ich für meine Geschichten die einfachsten Menschen auswählte.

Eines Vormittags kaufte ich mir an Kiosken alles, was ich an Groschen- und Unterhaltungsromanen bekommen konnte. Es gab zu jener Zeit unglaublich viel davon und auch alle Genres, den Roman für die Näherin und den Roman für die Sekretärin, das Schauerdrama für die Conciergen und die sentimentalen Geschichten für blasse junge Mädchen. Es gab auch Abenteuerromane für kleine Jungen, Indianer-, Seeräuber- und Piratengeschichten, Schilderungen von Meisterdieben und kleinen Einbrechern. Ich entdeckte eine wahre Industrie mit einer beträchtlichen Zahl genau festgelegter, wie wir heute sagen würden: standardisierter Produkte: von den Heftchen zu fünfundzwanzig Centimes bis zu den dicken Volksromanen, die eng und auf holzhaltigem Papier gedruckt waren, zu einsfünfundneunzig.

Die ganze Skala dieser Produkte lernte ich beherrschen; ich begann mit dem Bescheidensten, dem winzigen Roman, den die Näherin in ihre Handtasche steckt und der sie zu Tränen rührt, und ging bis zur Leidenschaftsgeschichte, die sechs Monate lang die letzte Seite einer Tageszeitung füllt. Heute schäme ich mich darüber nicht mehr. Im Gegenteil. Ich gestehe, daß ich mich an diese Epoche in meinem Leben mit der größten Zuneigung, wenn nicht Wehmut erinnere. Sicher, damals rühmte ich mich meiner Werke nicht, die ich mit sechzehn verschiedenen Pseudonymen zeichnete. Und um den Kopf einigermaßen hochzuhalten, hatte ich es nötig, mir immer zu wiederholen, daß Balzac und einige andere auf gleiche Weise angefangen haben. Bescheiden werden wir erst mit dem Alter, und zweifellos ist das sehr gut so.

Ich war ein Fabrikant, ein Handwerker. Wie ein Handwerker nahm ich jede Woche die Aufträge der Industriellen entgegen, die die Verleger von Groschenromanen sind. Und wie ein Handwerker berechnete ich auch meinen Herstellungspreis nach dem Stundenlohn.

»Sieh mal«, sagte ich mir, »ich kann täglich achtzig Seiten in die Maschine schreiben, wenn ich acht Stunden arbeite. Das sind drei Tage für einen Abenteuerroman von zehntausend Zeilen für eintausendfünfhundert Francs, sechs Tage für einen Liebesroman von zwanzigtausend Zeilen für dreitausend Francs . . .«

Ich stellte mein Budget auf. Bei soundsoviel Zeilen pro Jahr oder, anders ausgedrückt, nach soundsoviel Arbeitsstunden hatte ich einen Anspruch auf ein Auto. Nach soundsoviel konnte ich mir einen Chauffeur leisten, der meine Artikel abliefert. Von soundsoviel an kam die Yacht dran, nach der ich verrückt war, die Kreuzfahrt, die Straßen der Welt, die mir offenstanden.

Das ist die eine Seite der Frage. Ich wollte leben, verstehen Sie. Nicht nur für mich, aus reiner Lebenslust, sondern weil ich mir darüber klar wurde, daß allein das, was man selbst erlebt hat, andern durch die Vermittlung der Literatur erlebbar gemacht werden kann. Ich mußte die Welt in all ihren Erscheinungsformen, *horizontal und vertikal*, kennenlernen, das heißt, in ihrem ganzen Ausmaß, mit Ländern und Rassen in Berührung kommen, mit Klimazonen und Sitten, sie aber auch vertikal durchdringen, mit anderen Worten, zu den verschiedenen sozialen Schichten Zugang haben, mich in dem kleinen Fischerlokal ebenso wohl fühlen wie auf einem Viehmarkt oder im Salon eines Bankiers.

Apropos Bankier, erlauben Sie, daß ich an ein Wort erinnere – das vielleicht auch recht naiv ist –, das ich zu jener Zeit verwendete: »In meinen Büchern kommen nur dann Bankiers vor, wenn ich mit einem mein Frühstücksei gegessen habe.«

Leben, ich wiederhole es, intensiv leben.

Leben, um später aus dem Leben schöpfen zu können.

Leben, um Geschichten zu erzählen.

Ich erinnere mich mit Wehmut an diese Epoche, an meine Wohnung in Paris an der Place des Vosges, die einst die Place Royale war und den Kardinal Richelieu und Madame de Sévigné beherbergte.

Ich erinnere mich vor allem an den Winter, denn zu Beginn des Frühlings floh ich aus Paris aufs Land oder ans Meer. Ich war morgens von vier Uhr an auf den Beinen. Vergessen Sie nicht, daß ich am Tage meine achtzig Manuskriptseiten schreiben mußte.

Abenteuerromane? Ich schlug wie zufällig die Enzyklopädie von Larousse auf. Da liegt das massive, gleichsam unmenschliche Dreieck von Afrika. Und hier, fast in seiner Mitte, das Gebiet der Wasserfälle... Die Hottentotten... Die Pygmäen... Eine unbekannte Flora, Namen, die mir in den Ohren klingen, darunter die *Welwitschia mirabilis*, wenn ich mich recht entsinne, die doch nur eine wunderbare Pflanze sein kann. Und schon ist der Roman geboren. Er heißt *Die Zwerge der Katarakte*, denn ich stelle mir sogleich die Pygmäen in Kindergröße vor, die wie Ameisen in einer chaotischen Welt umherkrabbeln, die an die Vorgeschichte erinnert. Ich lebe im Wunderbaren, und gerade das Wunderbare wollen die kleinen oder weniger kleinen Kinder, für die ich schreiben werde. Drei Tage lang lebe ich, mit dem Rücken zum Feuer, umgeben vom Dekor der Place des Vosges, einem vollendeten Meisterwerk des 17. Jahrhunderts, im afrikanischen Busch und begegne Löwen, Elefantenherden, Büffeln, Giraffen, Gorillas und Klapperschlangen!

Ich erzähle Geschichten, und ich erzähle sie mir selbst, verstehen Sie? Wenn mich morgen Asien reizt, schreibe ich

Das Geheimnis des Lama oder *Se Ma-tsien, der Opferer.* Dann wende ich mich dem Pazifik zu, ich gehe überall hin, wohin mir der Larousse zu gehen erlaubt, bis in Ihr Land, wo ich in der Vorstellung eine finstere Geschichte durchlebe, *Das Auge von Utah,* und später eine unglaubliche Geschichte mit Wolkenkratzern und Maschinenpistolen: *Die Banditen von Chicago.*

Ich lernte erzählen, vielleicht schlecht erzählen, für ein bestimmtes Publikum, das in seinen Gewohnheiten nicht schockiert werden will. Jede Woche, mit jedem neuen Roman wandte ich mich an ein neues Lesepublikum, heute an fünfzehnjährige Jungen und morgen an sentimentale Frauen, an die Liebhaber starker Gefühle oder die Bewunderer des Pittoresken. So reiste ich um die Welt, ohne mich zu bewegen. Und ich schwöre Ihnen, diese Welt war schön. Weil sie künstlich war, weil sie in allen Stükken für die Leser erbaut worden ist, die keine Enttäuschung duldeten.

Hin und wieder versuchte ich mich in einem Kapitel, einem Dialog oder einer Beschreibung in subtileren Übungen, so für mich allein, wie man Tonleitern spielt, aber nie hat jemand falsche Töne in meinen Groschenromanen bemerkt. Brav und geduldig saß ich meine Schuljahre ab, und gleichzeitig begann ich zu leben.

Im zweiten Jahr hatte ich mein Auto und meinen Chauffeur. Im dritten bekam ich meine Yacht und schickte von einem holländischen, dänischen, norwegischen oder spanischen Hafen den Industriellen von Serienliteratur die Erzeugnisse meiner Fabrikation zu.

Ich möchte Ihnen hier eine vertrauliche Mitteilung machen. Ich hatte, ohne die Place des Vosges zu verlassen, mit Hilfe von Enzyklopädien und Atlanten die ganze Welt bereist. Eines Tages kam ich, wie ich mich erinnere, in Marseille an, um mich nach Afrika einzuschiffen. Ich begab mich geradewegs in dieses Gebiet der Katarakte, das ich so begeistert beschrieben hatte. In Afrika braucht man bekanntlich einen Tropenhelm. Ich bin also in ein Hutgeschäft in der Rue Saint-Ferréol gegangen. Ich habe Hüte aufprobiert.

Haben Sie bemerkt, daß sich ein Mann (im Gegensatz zur Frau!) nie so lächerlich vorkommt, als wenn er vor der fahlen Spiegelscheibe einen neuen Hut aufsetzt? Ich stand da in meiner bürgerlichen Kleidung mit dem Holunderhelm auf dem Kopf, und der Hutmacher bestätigte mir:

»Das ist Ihre Größe! Das ist genau das, was Sie für Zentralafrika brauchen . . .«

Nun gut! An diesem Tag habe ich begriffen, daß es aus ist mit dem Groschenroman, mit dem Phantasieroman. Vor meinem jämmerlichen Bild habe ich gefühlt, daß ich eine neue Klippe umschiffte, vielleicht die enttäuschendste von allen, daß ich ein für allemal den Traum für die Wirklichkeit hingab, die Unschuld des jungen Mannes für die Unsicherheiten und Ängste des Menschen schlechthin. Dieser erste Helm war im Grunde mein Paß, mein Visum für das wahre Leben. Und wenn die Spiegel ein Gedächtnis hätten und man sie nicht jede Woche mit Schlämmkreide blankputzen würde, könnte jener zweifellos das Bild eines jungen Mannes wiedergeben, der bis dahin mit der Welt gespielt hatte und der nun erst richtig in sie einzudringen begann.

Ein verängstigtes Bild. Mit meinem armseligen Lächeln, das sich so sicher geben wollte, das jedoch die Angst vor den Tränen, die Furcht des Menschen vor der Realität verzerrte.

Erinnern Sie sich an das, was die Colette mir mit soviel Bescheidenheit und Vorahnung sagte:

»Vor allem keine Literatur!«

Nun, die engeren Kontakte mit den Menschen, meine Reisen, sogar mein Beruf, Geschichten zu erzählen, was ich allmählich lernte, weckten in mir ein wildes Verlangen, mich endlich nicht mehr mit den hergebrachten Dramen, sondern mit der Wirklichkeit zu messen – ich wagte noch nicht zu sagen: mit dem Leben.

Mit dem Alter war die Bescheidenheit gekommen. Ich war fast dreißig Jahre, und das Leben erschien mir als eine so große Dame, daß ich mich noch nicht getraute, es wie von selbst anzugehen. Aus diesem Grunde suchte ich eines Tages Fayard auf, der den größten Teil meiner Groschenromane verlegt hatte.

»Ich habe beschlossen«, sagte ich, »eine Sprosse hinaufzusteigen.«

»Werden Sie deutlicher!«

»Nach dem Groschenroman will ich mich im *halbliterarischen* Roman versuchen.«

Dieses Wort schien ihn zu amüsieren, aber auch tief zu verwirren.

»Was verstehen Sie unter *halbliterarisch*?«

Und nun begann ich zu stammeln.

»Es gibt zehn, zwanzig literarische Genres«, versuchte ich zu erklären, »sie sind wie die verschiedenen Abteilungen eines großen Warenhauses, das heißt, sie existieren nur durch die stillschweigende Übereinkunft zwischen Verkäufer und Käufer. Jede dieser Kategorien hat ihre eigenen Regeln, denen sie sich aus wirtschaftlicher Redlichkeit nicht entziehen darf. Über allem steht und regiert der reine Roman, das Kunstwerk, das sich selbst nichts schuldig ist und das sich über alle Regeln der Veröffentlichung hinwegsetzt. Ich fühle mich noch nicht reif genug, etwas in dieser Kategorie zu schreiben.

Ein Roman, ein wirklicher Roman, kann erst um die vierzig herum geschrieben werden, da er eine Reife voraussetzt, die vorher schwer zu erreichen ist. Der Romancier ist ein Gottvater, und davon bin ich noch sehr weit entfernt.

Dagegen halte ich mich für fähig, mich von nun an von einigen Schablonen freizumachen und nahezu menschliche Gestalten zum Leben zu erwecken, vorausgesetzt, daß ich auf eine Grundlage, ein Gerüst zurückgreifen, daß ich mich auf einen Spielführer stützen kann. Das ist beim Kriminalroman der Fall. Ich will jetzt Kriminalromane für Sie schreiben, und zwar jeden Monat einen.«

»Warum jeden Monat einen?«

»Weil ich mir ausgerechnet habe, daß ich das für mein Budget brauche.«

»Was garantiert mir, daß Sie in der Lage sind, diesen Rhythmus einzuhalten?«

»Hier sind sechs, die ich in drei Monaten geschrieben habe.«

Fayard las sie. Acht Tage später sagte er zu mir:

»Ich verlege Sie!«

Dann fügte er hinzu:

»Nur, wir werden einer Katastrophe entgegengehen.«

»Warum?«

»Weil erstens Ihre Kriminalromane keine richtigen Kriminalromane sind. Sie sind nicht wissenschaftlich. Sie folgen der Spielregel nicht.«

»Und dann?«

»Zweitens fehlt die Liebe, zumindest die Liebe, wie man sie in Kriminalromanen sich vorstellt.«

»Und weiter?«

»Drittens kommen keine wirklich sympathischen und keine eindeutig unsympathischen Gestalten vor. Ihre

Romane enden weder gut noch schlecht. Es ist zum Verzweifeln.«

Und das stimmt alles. Meine Kriminalromane sind die schlechtesten der Welt. Fayard hat sie trotzdem herausgebracht, und ich frage mich heute noch, warum. Vielleicht aus dem gleichen Grund, dank der gleichen Nachsicht, weshalb man mich nicht vom Gymnasium und später aus der Zeitung, bei der ich Reporter war, verwiesen hat. Sehen Sie, diese Romane hatten nur wenig Qualität. Sie stellten eine Etappe dar. In einem Rahmen, der zum großen Teil von Konvention bestimmt war, versuchte ich lebendige Menschen zu gestalten.

Ganz bescheiden. Ich sage das ohne falsche Bescheidenheit. Ich hielt mich immer im Bereich der Tonleitern. Ich spielte sie herunter wie ein Pianist. Aber schließlich konnte ich mich hier und da an einer Atmosphäre, an einem Charakter versuchen.

Ich habe in den vertraglich festgelegten Fristen achtzehn oder zwanzig Kriminalromane für Fayard geschrieben. Sie sind in fast alle Sprachen übersetzt worden, einschließlich des Jiddischen, des Esperanto und des Japanischen. Doch genau achtzehn Monate nach der Unterzeichnung unseres Vertrages kündigte ich demselben Fayard, der meinen Entschluß nie verstanden hat, an:

»Ich gebe den Kriminalroman auf. Ich habe genug von Maigret.«

Ich glaube, er hielt mich für verrückt oder zumindest für geistesgestört. Als guter Geschäftsmann konnte er nicht begreifen, wie man diesen Goldesel aufgeben konnte. Aber vielleicht haben Sie es, nach allem, was ich Ihnen gesagt, nach den Mitteilungen, die ich Ihnen in aller Einfachheit gemacht habe, verstanden. Ich fühlte und glaubte mich stark genug, auf eine weitere Konvention, auf eine

Stütze, deren ich nicht mehr bedurfte, verzichten zu können.

Ich näherte mich dem Menschen, dem Menschen schlechthin, dem Menschen im Angesicht seines Schicksals, und das ist, wie ich meine, der oberste Bereich des Romans.

Denken Sie daran, was ich Ihnen zu Anfang über die Illusionen meiner zwölf Jahre, die Träume meiner sechzehn Jahre und den Ehrgeiz meiner zwanzig Jahre gesagt habe. Ich wollte Ihnen das Gefühl vermitteln, daß es ohne unser geringstes Zutun eine Bestimmung gibt, der wir unmöglich untreu werden können, daß wie im Falle jeder Leidenschaft eine innere Kraft vorhanden ist, gegen die wir nichts vermögen.

Und diese Leidenschaft, die ich so gerne definieren möchte, über die ich jedoch, wie Sie sehen, nicht triftig genug sprechen kann und die Sie nur mit Hilfe der Erinnerungen, die ich anführe, fühlen können, ist die Leidenschaft für den Menschen, sein Geschick, seine Größe und seine Geringheit, ist das grausame und, wie uns scheint, unverdiente Mißverhältnis zwischen seinen großartigen Ansätzen und seinen Möglichkeiten.

Die Colette hatte zu mir gesagt:

»Lernen Sie, eine Geschichte zu erzählen, und der Rest kommt dann von selbst!«

Ich habe zehn Jahre gebraucht, um zu lernen, den kleinen Jungen, den Näherinnen, den Sekretärinnen und Conciergen schlecht und recht Geschichten zu erzählen. Der Tag kam – vielleicht vorzeitig –, an dem ich mich zum Letzten fähig glaubte und ankündigte:

»Nun werde ich Romane *schlechthin* schreiben.«

Ich würde Ihnen natürlich gerne erklären, was ich unter »Roman schlechthin« oder einfach unter Roman verstehe. Das fällt mir zunächst schwer, weil ich, wie erwähnt, auf den Umgang mit Ideen schlecht vorbereitet bin. Denken Sie daran, daß zwanzig Jahre lang mein Bemühen, mein Ehrgeiz dahin ging, nur *substantielle Wörter* zu verwenden. Noch eine Definition, die ich geben müßte und zu der ich nicht fähig bin. Das sind Wörter, wenn Sie so wollen, die das Gewicht der Materie haben, Wörter mit drei Dimensionen wie ein Tisch, ein Haus, ein Glas Wasser. Das erscheint einem leicht, aber was mich gerade am Anfang meiner Karriere am meisten überrascht hat, war der Mangel an Dichte, sowohl bei den Gestalten wie bei den Dingen, in dem Geschriebenen oder, wenn Sie erlauben, in dem, was man mit zwanzig Jahren schreibt.

Im Zusammenhang mit der Malerei hat jemand gesagt:

»Das ideale Bild, das vollkommene Bild ist das, aus dem man aus der rechten oder linken Ecke zehn Quadratzentimeter herausschneiden kann und bei dem dieses Stück in sich selbst etwas Schönes darstellt.«

Dieser Satz verfolgte mich schon, als ich trotz oder wegen meiner sechzehn Pseudonyme und meiner täglichen achtzig Seiten ein noch unbekannter Schriftsteller war und Tag für Tag die schlimmsten Fehler machte und die größten Nachlässigkeiten wider die Kunst und den guten Geschmack beging.

Einen Baum im Hintergrund des Gartens lebendig machen, auch wenn sich in diesem Garten ein Drama abspielt ... Den Blättern dieses Baumes ihr Gewicht, ihre Gegenwart verleihen ... Ich glaube, ich habe das Wort gefunden: ihre Gegenwart. Die Gegenwart eines Stück Papiers, eines Fleckchen Himmels, irgendeines Gegenstandes, dieser Objekte, die in den bewegtesten Augenblicken unseres Lebens eine geheimnisvolle Bedeutung erlangen . . .

Das *Gewicht* von einem elektrischen Licht, einem Sonnenstrahl oder einem Schimmer des blaugrünen Tages, der an einem Frostmorgen durch die Wolken fällt, das *Gewicht* dieser äußeren Dinge, vom Regen, vom Frühling, von der blendenden Sonne, von einem Reflex auf einem Möbel, was weiß ich? Das *Gewicht* der uns umgebenden Dinge oder, wenn Sie mir das Wort gestatten, das mir immer wieder, ich bin mir dessen bewußt, mit einer etwas lächerlichen Stetigkeit auf die Lippen kommt, *das Gewicht des Lebens.*

Ich wage nicht, vom Gewicht der Menschen zu sprechen, weil ich da ein wenig den Eindruck habe, Gott zu versuchen. Ich wage nicht, davon zu reden, aber ich denke daran, ich denke die ganze Zeit daran, ich möchte mit einer Geste, mit einem Zucken der Lippen den ganzen Wert der menschlichen Materie, das ganze Drama des Menschen angesichts des Lebens zum Ausdruck bringen.

Verzeihen Sie! Ich suchte nur nach einer Definition des Romans, wie ich ihn begreife, und habe mich zu überheblichen Abschweifungen hinreißen lassen. Und dennoch ist der Roman das alles und noch vieles andere. Der Roman, das ist der Mensch, der Mensch in seiner ganzen Blöße, wie ich eben gesagt habe, und der bekleidete Mensch, der Alltagsmensch und manchmal das schreckliche Drama zwischen dem bloßen und dem bekleideten Menschen, zwischen dem ewigen Menschen und dem Menschen einer bestimmten Erziehung, einer Kaste oder eines Augenblicks der Welt, vor allem aber ist er das Drama des Menschen in den Händen seines Schicksals.

Ist es nicht schwer, nach allem, was ich gesagt habe,

zuzugeben, daß man sich als Romancier fühlt, daß man die Absicht hat, es zu sein oder zu werden?

Verstehen Sie meine Anspielung auf Gottvater?

Sehen Sie, mit sechzehn Jahren habe ich meinen Freunden angekündigt: »Mit dreißig Jahren werde ich meinen ersten Roman schreiben!«

Und mit dreißig Jahren habe ich mich mit der Erklärung zufriedengegeben:

»Als meinen ersten Roman werde ich erst den betrachten, den ich mit vierzig schreiben werde.«

Mit vierzig Jahren schließlich ... Denn ich bin zweiundvierzig, bald dreiundvierzig Jahre, und ich schiebe den Zeitpunkt, den ich mir gesetzt habe, immer weiter hinaus, da ich, je älter ich werde, mir meiner stolzen Absicht stärker bewußt werde.

Mein erster Roman? Ich werde ihn vielleicht mit fünfzig Jahren schreiben, vielleicht auch viel später, wenn Gott mir das Leben erhält, und schon aus diesem Grunde möchte ich leben und deshalb beneide ich einen Goethe um sein grünes Alter. Er hatte die Zeit, sein gesamtes Vorhaben zu vollenden, den Kreis zu schließen. Der Poet kann jung sterben, weil die Poesie kein Alter kennt, weil sie uns von Jugend an, wenn nicht seit der Kindheit eingegeben ist, was sage ich, weil sie geheime Bande mit unserer Kindheit unterhält. Der Roman ist eine Summe, eine Welt, die nur starke Schultern tragen können.

Soll ich Ihnen erzählen, wie ich einen Roman schreibe? Ich füge gleich hinzu, daß das nicht den Wert eines Rezeptes hat, denn jeder Autor hat seine Methode, die seinem Temperament entspricht oder, um ein Wort zu gebrauchen, das ich nicht so schätze, seiner Inspiration. Es gibt jedoch eine Legende, gegen die ich nebenbei protestieren möchte. Man sagt mir oft mit einem Blick von unten herauf:

»Sie schreiben schnell, nicht wahr?«

»Sehr schnell.«

»Pro Monat einen Roman, scheint es.«

»Nein, einen Roman in elf Tagen!«

»Das ist es, das ist es!«

Und mein Interviewer jubiliert. Er hat meine Bücher nicht gelesen. Er hat den Beweis geliefert, daß es nicht nötig ist, mich zu lesen, weil ein in elf Tagen geschriebener Roman höchstens zur untersten Kategorie der Fabrikation gehören kann, nicht wahr?

Glauben Sie nicht, daß ich übertreibe! Zahlreiche Kritiker hegen das gleiche Vorurteil gegen schnellschreibende Autoren, und das weist darauf hin, daß sie die kleine Literaturgeschichte schlecht kennen. Ohne Zweifel wissen sie, daß der große Balzac meistens seine vierzig Seiten in einer Nacht herunterschrieb. Aber sie sind auch fähig, Balzac als eine Art Ungeheuer oder Groschenromanschriftsteller zu betrachten.

Und wie steht es mit Stendhal? Da haben wir jemanden, der von den Literaten ernst genommen wird. Nun, Stendhal hat die *Kartause von Parma*, die fast tausend Seiten umfaßt, wenn ich mich nicht täusche, in weniger als sechs Wochen geschrieben. Victor Hugo hat seine *Marion Delorme* in neun Tagen und seine anderen Stücke stets in weniger als einem Monat geschrieben, und jeden Morgen schrieb er, bevor der Alltag begann, gute hundert Verse.

Ich erwecke den Eindruck, in eigener Sache zu sprechen. Dennoch glaube ich aufrichtig, daß die Frage der mehr oder weniger großen Geschwindigkeit bei der Arbeit ohne Bedeutung ist. Ich habe Malerfreunde, die ein Bild in ein paar Stunden hinpinseln, und andere, die wochenlang an demselben Motiv sitzen, trotzdem sind die einen wie die anderen große Künstler.

Ich werde oft gefragt:

»Wie finden Sie Ihr Thema?«

Ich »finde« kein Thema. Ich suche nicht danach. Ohne zu übertreiben, könnte ich sagen, daß das Thema mich nicht interessiert. Sehen Sie, in einigen Tagen werde ich in mein kanadisches Haus zurückkehren, wo ich mich sofort an meinen Arbeitstisch setzen werde. Ich habe einen wahren Heißhunger danach, zu schreiben, denn das konnte ich seit Monaten nicht tun, und das fehlt mir dann ebensosehr wie einem Abhängigen die Droge.

Kaum zu Hause angekommen, wird es mir also ein leichtes sein, mich in den *Stand der Gnade* zu versetzen. Ein Wort, über das Sie sicher lächeln werden, es ist aber das einzige, das ich gefunden habe, um diesen für die schöpferische Arbeit notwendigen Zustand zu bezeichnen. Es ist, wenn Sie so wollen, eine Art Flucht aus dem wirklichen Leben. Am Vorabend, bevor ich einen neuen Roman beginnen muß, gehe ich wie an den anderen Tagen spazieren, und doch nehme ich die Umwelt nicht wahr, oder vielmehr sie verliert für mich ihre Realität, ihre Konsistenz. Ich begegne Leuten, denen ich sonst auch begegne, und ich grüße sie zerstreut, wenn ich nicht überhaupt vergesse, sie zu grüßen.

Könnte ich sagen, daß ich in Trance sei? Das ist ein recht großes Wort, und ich fürchte die großen Wörter ebenso wie die Ideen. Und dennoch... Sehen Sie... Der Tag neigt sich... Es ist die günstigste Stunde... Die Konturen der Dinge verschwimmen, eine normale Straßenecke, der dunkle Eingang eines Hauses, ein Lichtreflex auf dem feuchten Pflaster, alles nimmt leicht einen geheimnisvollen Aspekt an. Das erinnert mich an zehn, fünfzig kleine Städte, in denen ich ebenso umhergeirrt bin, und schon kommen unbemerkt die Erinnerungen zuhauf und bewege mich. Jenes kleine Café in Dünkirchen an einem Herbstabend mit seinen wie in Stein gehauenen Fischern in ihren vom Salzwasser leuchtenden Südwestern... Am Boden lagen Sägespäne und zu Füßen der Männer die paar Fische, die sie für das Abendbrot aufbewahrten. Noch ein Detail fällt mir ein: der Kuckuck... Er hat mich aufgeweckt, genau um sechs Uhr... Der Geruch der kleinen Gläser nach Alkohol, den sie dort »fil-en-six« nennen... Gehörten diese Männer nicht zu einem Schiff, das den Namen »La Marie-Jeanne« trug?...

Mit ihnen müßte sich einige Tage gut leben lassen...

Tatsächlich war einer darunter, der kleine Louis, der Glas zerkaute und herunterschluckte, wenn er betrunken war, und das war er Abend für Abend... Er fuhr auf Segelschiffen nach Neufundland. Sechs Monate auf See, ein hartes und frugales Leben... Er kam mit einem Spargroschen an Land, und jedesmal nahm er sich vor, am nächsten Tag seine Eltern in der Bretagne in die Arme zu schließen. Aber am nächsten Morgen lag er stockbetrunken in irgendeiner Gosse oder auf der Pritsche der Polizeistation. Drei, vier Tage später hatte er keinen blanken Heller mehr, er konnte nicht einmal den Zug nehmen, und so heuerte er wieder an und schiffte sich für weitere sechs Monate auf See und zu Enthaltsamkeit ein. Der kleine Louis... Die anderen... Dünkirchen...

Der Auslöser hat geklickt. Ich werde dort elf Tage leben, und die Personen strömen zuhauf herbei, von der Zeit bereits verändert. Das genügt mir, um sie zu Romangestalten zu machen, sie in eine Situation zu versetzen, in der sie gezwungen sind, ihr Äußerstes zu geben.

Verstehen Sie? Denn eine Romanfigur ist irgend jemand auf der Straße, irgendein Mann oder eine Frau. So, wie wir sind, haben wir alle menschlichen Instinkte in uns. Doch von diesen Instinkten unterdrücken wir zumindest einen Teil aus Anständigkeit, Klugheit oder Erziehung in uns, manchmal auch nur, weil wir keine Gelegenheit haben, anders zu handeln. Die Romanfigur dagegen geht bis zum Äußersten ihrer selbst, und meine Rolle als Romancier besteht darin, sie in eine Situation zu bringen, in der sie dazu gezwungen wird.

Das ist einfach, wie Sie sehen. Und es ist nicht nötig, eine Geschichte zu finden. Einfach nur die Menschen, die menschlichen Wesen in ihrem Rahmen und in ihrer Stimmung. Der kleine Anstoß, der sie in Bewegung setzt . . .

Von nun an brauche ich sie nur leben zu lassen. Die Geschichte machen sie selbst, ohne daß ich in der Lage wäre, einzugreifen, denn wenn meine Gestalten wahr sind, haben sie ihre eigene Logik, gegen die meine Logik als Autor nicht ankommt.

Kein Plan. Ein paar Namen, die ich zu Hause auf ein Stück Papier schreibe, denn ich habe ein schlechtes Namensgedächtnis. Ihr Alter, ihre Telefonnummer, soweit vorhanden. Es sind wirkliche Personen, und man muß ihnen ihre ganze Wirklichkeit zubilligen. Dann an der Wand einige Tage lang der Plan der kleinen Stadt oder der Gegend. Oft auch der Fahrplan der Eisenbahn, denn man benutzt den Zug in den Romanen wie im Leben, und so muß man richtige Züge nehmen.

Bleibt noch eine Formalität oder vielmehr eine Arbeit, der ich mich mit Liebe hingebe: die Schreibmaschine bis hin zu den kleinsten Rädchen zu reinigen, sie zu ölen und mit einem neuen Farbband zu versehen, sie schön und schnell zu machen wie für einen Wettbewerb.

Das ist alles. Am nächsten Morgen stehe ich in aller Frühe und nüchtern auf, die Wolken der Nacht sind kaum verflogen, und setze mich an meinen Schreibtisch, wo ich sicher sein kann, meine Gestalten getreu auf ihrem Posten zu finden. Nach zwei Stunden ist ein Kapitel geschrieben, ein Kapitel von genau zwanzig Seiten, denn ich habe mich auf zwanzig Seiten eingespielt. Das ist ein Maß, das ich gut kenne.

Ich könnte die Fenster weit öffnen, hin- und hergehen wie ein normaler Mensch. Aber täuschen Sie sich nicht. Während der elf Stunden meiner Arbeit werden Sie nicht mich antreffen, sondern den kleinen Louis oder jemand anderen, dessen Gangart ich unbewußt nachahme und dessen Gewohnheiten ich zuweilen annehme. Aber sicher! Einschließlich der kleinen Gläser »fil-en-six«, mit dem Unterschied allerdings, daß ich das Glas nicht herunterschlucke.

So, meine Damen und Herren, das wollte ich Ihnen in aller Einfachheit, in aller Herzlichkeit erzählen.

Wie ich schon angedeutet habe, habe ich selten über etwas anderes gesprochen als über mich, und dafür bitte ich Sie um Verzeihung, vor allem bitte ich Sie, zu verstehen, daß ich es nur deshalb getan habe, weil ich darüber hinaus nichts zu sagen habe.

Der Roman ist nicht bloß eine Kunst und noch weniger ein Beruf. Er ist vor allem eine Leidenschaft, die einen voll und ganz packt, die einen beherrscht.

Letzten Endes ist es ein Bedürfnis, vielleicht das Bedürfnis, sich selbst zu entfliehen und nach Bedarf, zumindest für eine Zeit, in einer Welt seiner Wahl zu leben.

Wer weiß, ob es nicht auch und vor allem ein Mittel ist, sich von seinen Phantomen zu befreien, indem man ihnen Leben verleiht und sie durch die Welt jagt?

Das ist sicherlich der Grund, warum man sich seine

Gestalten, ob traurig oder fröhlich, unruhig, verkrampft oder voll erhabener Heiterkeit, nicht selber aussucht.

Nicht nur das alles ist der Roman; er ist auch für den Schreibenden eine Befreiung.

Verstehen Sie nun, daß ein Romancier zu Ihnen über nichts anderes sprechen konnte?

Deutsch von Wolfram Schäfer

Zeugnisse

*»Ich wollte leben, verstehen Sie. Nicht nur
für mich, aus reiner Lebenslust, sondern
weil ich mir darüber klar wurde, daß allein
das, was man selbst erlebt hat, andern
durch Literatur erlebbar gemacht werden
kann.«*

André Gide

Ich war einer seiner ersten Bewunderer, das weiß Simenon. Vor ein paar Jahren wäre es ein Vergnügen gewesen, ihn zu »entdecken«. Aber (bravo, Thérive!) ich habe mich überflügeln lassen. Heute ist das Spiel gewonnen. Simenon hat überall Bewunderer, überall begeisterte Leser. Immerhin gibt es noch viele, die die Nase rümpfen und sagen: »Simenon, ja gewiß – aber er schreibt zuviel!« (denn was ihm die längste Zeit schadete, war seine unglaubliche Produktivität) und die mich verstiegen schelten werden, wenn ich erkläre, daß ich Simenon für einen großen Romancier halte, vielleicht den größten und den echtesten Romancier, den die französische Literatur heute besitzt. Diesen Pseudo-Feinschmeckern ist nicht zu helfen. Scheren Sie sich nicht um sie, Simenon! Machen Sie einfach weiter. Sie werden ganz von selbst zu Ihnen kommen. *(1939)*

Max Jacob

Er ist ein großer Künstler, ein großer Intellekt, eine sehr hohe Kultur, der sich zum Publikum herabläßt, ohne sich etwas zu vergeben. Aber ich glaube, daß dieser unabhängige Arbeiter sich überhaupt nicht dafür interessiert, was ich von ihm denke. Übrigens weiß er, daß ich ihn bewundere und liebe. *(1939)*

Maurice de Vlaminck

Ein Buch von Georges Simenon interessiert nicht wegen seines Stils. Nicht durch die Suche nach der Form. Es hat nichts mit den herkömmlichen Formeln der literarischen Salons und Cliquen, nichts mit dem Geschwätz der Cafés zu tun, wo sich die Psychoanalytiker der neuen Generation versammeln.

Er arbeitet aus der Masse, aus dem Block heraus. Er packt das Leben mit beiden Händen.

Man schlägt ein Buch von Simenon auf. Er schaltet den Projektor ein, und der Film läuft ab.

Georges Simenon bedient sich einfacher Mittel, um Farbe und Atmosphäre zu schaffen, um Angst zu erregen. Die Wörter, die er gebraucht, sind ganz alltägliche Wörter.

Keine Suche nach dem Raren, nach dem Besonderen. Keine Überspitztheiten. Und das Resultat ist erstaunlich . . .

Die ganze Macht der Aussage, der ganze Reiz des Buches, die Erregung, in die es uns versetzt, beruhen auf den *persönlichen* Eigenschaften Simenons, auf seinem außerordentlichen Gedächtnis, auf der Leichtigkeit, mit der er eine unglaubliche Menge von Beobachtungen, Feststellungen, Tönen, Gesten und wahren Erinnerungen registriert hat.

Eben deshalb scheinen die Worte selbst, diese einfachen Worte, Bilder zu projizieren. Sie reichen aus, um uns in die vom Verfasser gewünschte Umgebung zu versetzen: in den Regen hinaus, in ein Unwetter, in ein schäbiges Hotelzimmer, wohin wir seinen Personen folgen.

Sobald sie nur auftreten und zu agieren beginnen, kennt man sie schon. Mehr noch, man glaubt sie bereits gesehen zu haben. *Man erkennt sie wieder.* Ob es der Garagist aus der *Nuit du Carrefour* ist oder die Wirtin aus der *Auberge du Cheval Blanc* an ihrer Kasse, man lebt ihre Sorgen mit, nimmt Anteil an ihrem Kummer, man wird in ihre Angelegenheiten mit hineingezogen. Ihre Ängste werden zu unseren Ängsten.

Man fürchtet sich mit ihnen, man flieht genau wie sie. Man folgt ihnen, man läuft mit. Man lebt ihr Leben.

Wenn Simenon seine Männlein wacker hat tanzen und springen lassen, wenn er sie aufgeblasen und zusammengepreßt und alles aus ihnen herausgequetscht hat, läßt er sie nicht noch einmal durch die Mühle laufen. Er läßt sie fallen. Er wirft sie in die Menge der Namenlosen, auf die Straße, ins Leben zurück. Er überläßt sie ihrer Tätigkeit, ihren Liebschaften, ihrem Schicksal.

Er schaltet aus. Das Buch ist zu Ende.

Keine philosophischen Anhängsel. Simenon hat uns alles gegeben, was er von ihnen weiß. Das ist alles.

Simenon ist keineswegs so eitel, sich einzubilden, daß er einen Tatbestand auch nur im geringsten ändern, daß er den Lauf einer höheren Macht irgendwie anders lenken könnte. Er weiß, daß er das Los der Menschen nicht verbessern, daß er nicht mit philosophischen, ästhetischen oder literarischen Überlegungen gegen die Natur losziehen kann. Er weiß, daß soziale und politische Theorien machtlos sind.

Es gibt Leute, die sagen: »Simenon – das ist Kino!« oder auch: »Simenon – das sind Detektivgeschichten!«

Oder: »Populäre Literatur!« oder »Vitalismus«.

Auf den Namen kommt es nicht an.

Was nicht zu leugnen ist: Ein Buch von Simenon interessiert jeden Menschen. Den Taxichauffeur, das Mädchen für alles, ihre Gnädige, den Schlosser wie den Literaten und den Intellektuellen, den Durchschnittsfranzosen, den Gebildeten und den Ungebildeten.

Leichtigkeit hat immer etwas Aufreizendes – weil es gar so schwer ist, beim anderen ein Talent anzuerkennen, das einem selber versagt bleibt.

Darum macht man Simenon den Vorwurf der Stümperei. Man beklagt, daß er sein nicht zu leugnendes Talent verplempert.

Oder wenn man ihn nicht versteht, nicht verstehen will, schüttelt man feierlich den Kopf und sagt: »Ein besonderer Fall!«

Das ändert nichts daran, daß Simenon heute mit neununddreißig Jahren auf ein bedeutendes, umfangreiches, originelles, einzigartiges Werk zurückblicken kann.

Er liebt das Leben. Wie es ist! Wie er es sieht! Ein grenzenloses Vertrauen in seine eigenen Möglichkeiten und Mittel läßt ihn seine schriftstellerische Zukunft mit Begeisterung, mit unerschütterlicher Sicherheit betrachten . . .

Der heutige Film verdankt Simenon sehr viel.

Die Regisseure haben ihm die Atmosphäre seiner Bücher abgeguckt, die Farbe des modernen Lebens, die er auf so unmittelbare, kraftvolle Art wiedergibt. Darum weil er sich davor hütet, seiner Angst, seiner unsäglichen Unruhe etwas *Literarisches* beizumischen. *(1939)*

Hermann Graf Keyserling

Zuerst kaufte ich mir seine Romane zum gleichen Zweck, zu welchem ich überhaupt Kriminalromane kaufe: als Schlafmittel; sobald nämlich ein solcher Roman ernstlich spannend wird, schlafe ich, dank irgendeiner von mir noch nicht verstandenen Paradoxie meiner Anlage sicherer ein, als wenn ich Morphium nähme. Kaum aber hatte ich Simenon zu lesen begonnen, da merkte ich auf: in der ganzen französischen Literatur ist mir kein Romanschriftsteller von vergleichbarer ursprünglicher Begabung bekannt; Simenon steht insofern sogar über Balzac, dem Reichsten unter ihnen. Jahrelang schrieb Simenon zwei bis drei, wenn nicht mehr, kurze Romane – nicht etwa im Jahre, sondern im Monat. Bisher las ich deren gegen zwanzig: nicht einer gleicht dem anderen. Jedes »plot« ist neu und originell. Und die Darstellungskraft ist so groß, daß wenige kurze Striche allemal eine Landschaft, eine Situation, eine Seelenstimmung nicht nur anschaulich bestimmen, sondern zwingend in der Seele des Lesers neu entstehen lassen. Handele es sich um französische Provinz, Paris, Holland, das tropische Afrika, Seemanns- oder Verbrechermilieus, innere oder äußere Konflikte: in jedem mir bekannten Fall sieht man ein wahrhaft riesenhaftes Talent am Werk.

Und dennoch bedeutet Simenons »œuvre« nicht große Literatur. Das liegt unter anderem daran, daß ihm der literarische Wert als solcher gleichgültig ist. Bewußt will Simenon offenbar nur unterhalten und dabei Geld verdienen. In Paris begegnete ich einem, der ihn persönlich kannte: sehr reizend soll er trotz der ungeheuren Anzahl seiner Romane sein, noch ganz jung, nur in letzter Zeit ein wenig heruntergekommen. Einen Knacks habe ihm vor allem sein Versagen bei seiner Mithilfe während der Untersuchung der Stavisky-Affäre gegeben. Das hätte er freilich vorher wissen können, daß der geborene Erfinder niemals zugleich der berufene Entdecker ist. In bezug auf die gegebene Wirklichkeit ist der Phantasiereiche seiner Uranlage nach Lügner, als welchen Plato bekanntlich den Künstler überhaupt bestimmt.

Einige Monate nachdem ich obiges schrieb, tauchte aus Freude darüber Simenon bei mir in Darmstadt auf, und die persönliche Begegnung mit ihm war für mich noch lehrreicher als die Lektüre seiner Romane. Natürlich holte ich ihn nach allen Richtungen hin über sein phantastisch schnelles und vielseitiges Schaffen aus. Simenon behauptete, überhaupt keine Phantasie zu haben, alle seine Gestalten seien Abbilder von Natur. Und er wisse wohl, daß er (vorläufig, im Stillen strebte er damals für später einen Sitz in der Académie Française an!) nicht gut schreibe. Das komme aber daher, daß er nach der ersten Niederschrift oder dem ersten Diktat noch nie ein Manuskript, geschweige denn Druckbogen durchgesehen hätte. Kaum sei ein Roman fertig, so würde er von neuen Gestalten dermaßen bedrängt und besessen, daß er Neues schreiben *müsse*. Er arbeite unter unerbittlichem Zwang. Irgendeinmal fühlte er, daß es so weit ist: dann, meistens nachts, begönne er seiner Sekretärin zu diktieren, und mit möglichst kurzen Pausen erzähle er der Nachschreiberin in einem Flusse weiter, bis daß der Roman vollendet ist. Dann löse sich dieser vollständig ab von ihm. – Nicht viel anders hat auch Balzac, auch Dostojewski, haben wohl die meisten jener großen Spanier geschaffen und selbstverständlich die meisten mit so großem Unrecht mißachteten sehr einfallsreichen Vielschreiber. (1948)

Jean Cocteau

Im allgemeinen suchen wir uns Komplizen oder Komparsen als Freunde, das heißt Menschen, die ungefähr die gleichen Eigenschaften und die gleichen Verschrobenheiten haben wie wir und mit denen wir eben wegen dieser Ähnlichkeit leicht und schnell Kontakt finden.

Nun, ich kann mir kaum vorstellen, daß zwei Menschen weiter voneinander entfernt sein könnten als ich von Simenon, als Simenon von mir, außer wenn es sich träfe, daß wir beide einer Sitzung der *Académie Royale de Belgique* beiwohnen, denn wir arbeiten auf Gebieten, in Reichen, möchte ich sagen, die überhaupt nichts miteinander zu tun haben (obwohl er behauptet, die *Enfants Terribles* wären eine Detektivgeschichte).

Woher kommt dann die brüderliche Freundschaft, die uns verbindet? Ich werde es euch sagen. Sie ist frei von jedem geheimen Einverständnis, denn sie entspringt einem anti-intellektuellen Organ, einem Organ, das nicht denkt oder mit dem zumindest nur sehr wenige Menschen denken: dem Herzen.

Wir lieben einander sozusagen von Seele zu Seele, von Herz zu Herz, nur aus dem Rätsel heraus, das jede Freundschaft aufgibt und mühelos löst.

Ich würde alles auf der Welt tun, um Simenon einen Dienst zu erweisen, und ich bin sicher, er würde alles auf der Welt tun, um mir einen Dienst zu erweisen. Ich habe gesehen, wie seine junge Frau tränenüberströmt aus meinem Film *Le Testament d'Orphée* herauskam, weil ich darin einem Trugbild des Todes zum Opfer falle.

Der Romancier der Komplexe, des Unbehagens, der Geheimnisse, der hartnäckigen, düsteren Seelen, ist ein Fürst der Freundschaft ohne Fehl und Tadel. *(1961)*

Jean Renoir

Ich liebe Georges Simenon, weil er reich ist. Er protzt nicht damit, aber es läßt sich nicht verbergen. Seine Schätze sind unerschöpflich. Vielleicht hat er sogar Geld in Mengen, aber das wäre sein geringster Reichtum. Ich kenne mehrere Millionäre. Sie sind so arm, daß sie mich dauern. Ich hätte Lust, ihnen ein Schmalzbrot zu schenken – Brot aus echtem Roggen, der zwischen zwei echt granitnen Mühlsteinen zu Mehl gemahlen wurde, und das Schmalz müßte von einem Schweinchen stammen, das frei in den Bergen herumgelaufen ist und sich von wilden Kastanien ernährt hat. Ich würde meinen Millionären echten Luxus schenken. Da könnten sie sich von den diabetischen Maîtres d'Hôtel erholen und von den Huren, deren Atem nach Zahnpasta riecht. Ich würde ihnen *Un oiseau à la volette* vorsingen. Das ist ein trauriges Lied von einem Vogel, der am Ende der Geschichte stirbt. Der arme Millionär würde weinen und auch der Maître d'Hôtel und die Huren. Simenon würde nicht weinen. Vor allem, weil *er* die Geschichte erzählen würde, nicht ich. Wieder einmal wäre er der Gebende und die anderen die Beschenkten. Und während sie beglückt weinten, würden sie sagen: »Nur zu! Das kostet ihn nichts. Er ist ja so reich.«

Tatsächlich würde es ihn nichts kosten als seine Eingeweide. Die anderen würden durch ihre beglückten Tränen hindurch gar nicht merken, daß er selber der Vogel ist. Er ist es, der »in einem schönen Garten« stirbt, der tapfere Vogel, der sich durch sein eigenes Schicksal nicht rühren läßt. Keine einzige Träne. Das würde er für geschmacklos halten. Denn zu Simenons Reichtümern gehört auch Geschmack. Ich glaube, ich bin im Begriff, den Finger auf das Geheimnis von Simenons unerschöpflichem Reichtum zu legen: Der Vogel ist er! Bloß daß er es nicht sagt, denn er hat auch Scham. Er ist der zu Tode Verurteilte. Er ist der Kommissar Maigret. Wie viele Pfeifen er nur geraucht hat, bis es zu dieser Verwandlung kam! Er ist die mitleidlose, kleine Flämin. Er ist das ranzig gewordene alte Fräulein aus der Provinz. Er ist der Kleinbürger, der seine Flucht mit beharrlicher Verstellung vorbereitet. Er ist der Mann und auch die Frau unserer Zeit, die der Langeweile das tödliche Abenteuer vorziehen.

Er schlägt kein Mittel gegen diese Langeweile vor. Er weiß, daß sie an unserer Gesellschaft haftet wie die Mistel an der Eiche oder am Birnbaum. Wenn die Eiche und der Birnbaum sich nicht länger quälen wollen, müssen sie selber die Mistel abhacken. Simenon ist kein Arzt; er verordnet keine Pillen. Er spielt nicht den Philosophen und erklimmt kein Balkongeländer, um besser zusehen zu können, wie sich die Ameisen unten in dem mit Petroleum übergossenen Ameisenhaufen krümmen. Und man täusche sich nicht: trotz der Reinheit seines Stils ist er kein Literat, ebensowenig wie Van Gogh ein Maler ist. Er ist eine von den mit Petroleum übergossenen Ameisen, eine denkende Ameise, die es dahinbringt, daß wir ihre kleine Geschichte zu der unseren machen. Er ist nicht der Priester, der die Absolution erteilt. Er ist der Sünder, der mit der Stirn gegen das Gitter des Beichtstuhls schlägt. Es ist ein vielbesuchter Beichtstuhl. Nicht jeder darf hinein. In diesem Beichtstuhl hat Dostojewski alles ausgepackt, was er auf dem Herzen hatte. Man begegnet dort auch der Sängerin, die sich im dreigestrichenen C, das sie in der Kehle kratzt, ganz verströmen fühlt, und natürlich auch dem Liebenden, der in den Armen seiner Geliebten vergeht. Man trifft dort die wenigen Auserwählten, denen die Beichte mehr ist als das fiebrige Bekenntnis ihrer Sünden – für die sie die völlige Hingabe und Vergessenheit des eigenen Ichs bedeutet. Zu seinem Beichtiger hat Simenon sich das Publikum erwählt. Er hat ein erfreuliches Vertrauen zu diesem Beichtvater, und der lohnt es ihm reichlich. Denkt nur, welches Glück, einen Büßer zu finden, der bei jeder Beichte ein anderer ist! Der Liebhaber ist eintönig – immer die gleiche Geschichte. Der normale Sünder hat nichts zu geben als seine eigene Person. Simenon schenkt dem Publikum bei jeder Beichte ein anderes Ich. Er ist ja so reich.

Simenon geht so weit, sein Privatleben dem seiner künftigen Helden nachzubilden. In Belgien geboren, wurde er ein Pariser von der Place des Vosges, tief in den Traditionen des Marais verwurzelt, und dann Seemann auf einem plumpen, alten Kahn, der den Unbilden der nördlichen Meere trotzig die Stirn bot und sich in deutschen und flämischen Hafenkneipen herumtrieb. Eine andere Metamorphose machte ihn zum Rancher in Arizona. Ich sehe ihn noch auf der Landstraße von Nogales. In seinem Gang, seinem Benehmen, seinem Denken war er der typische Mann aus dem Westen, völlig heimisch unter den mexikanischen Cowboys, Klapperschlangen und wilden Rinderherden. Vorher hatte ich ihn als Schloßherrn von Bocage in der Vendée besucht, und kürzlich war ich auf seiner Besitzung in New-England zu Gast. Arizona lag weit. Das alte Blockhaus aus der Zeit der Holländer stand am Ufer eines kleinen Teichs. Die Ahornbäume begannen sich rot zu färben, die Wildenten versteckten sich im Schilf. Ich weilte tatsächlich bei einem Nachkommen der ersten Kolonisten – ebenjener Kolonisten, die in Plymouth Rock landeten und denen der liebe Gott, gerade als sie am Verhungern waren, wilde Truthühner schickte, ebenjener, die den Teekessel der Boston Tea Party zum Kochen gebracht, die Vormundschaft der Engländer abgeschüttelt und ihre Hexen verbrannt hatten, ohne ihre dunkle Kleidung abzulegen oder ihre gemessenen Bewegungen zu beschleunigen. Simenon präsidierte am Familientisch, unter den schweren Deckenbalken, die man mit ausgestreckter Hand berühren konnte, hochgeachtet von den Einwohnern des Städtchens, das geradewegs aus einem Bild von Grandma Moses kam, ganz und gar einer von ihnen.

Ein anderer als Simenon würde dieses Spiel nicht durchhalten. Die ständig neuen Verkleidungen würden seine Unbefangenheit abnützen. Das Chamäleon hat, soviel ich weiß, niemals lange Geschichten geschrieben; das kommt daher, daß seine Verwandlung nur die Oberfläche betrifft. Bei Simenon ist sie total. Es ist keine Verkleidung, sondern eine Umwandlung. Simenon ist das Gegenteil eines Schlaukopfs. Er weiß sich nicht zu schminken. Er hat die köstliche Unschuld des Schöpfers. Die anderen verwandeln sich nach Vorbildern, die entweder wenig Wert haben oder durch ständigen Gebrauch banal werden. Simenons Vorbilder können sich nicht abnützen. Sie sind neu und unschuldig wie Neugeborene, da sie ja seine eigenen Kinder sind. Dank ihnen kann ihr Vater sich den Luxus leisten, einer der letzten Klassiker zu bleiben. Er kann mit jenen aus dem *Grand Siècle* verkünden: »Das Ich ist hassenswert.« Er beichtet ja nicht selbst; es beichten Personen, denen er das Leben geschenkt hat, Personen, die – vielleicht ohne sein Wissen – mit seinen Eingeweiden, seinen Nerven, seinem Verstand, seinem Herzen reagieren. Sie bevölkern auch weiterhin die Welt. Sie kommen daher und bezaubern uns. Wir lieben sie, wir können sie nicht mehr missen. Und wenn die letzte unserem Sinn entschwebt, schickt Simenon uns unversehens eine andere, womöglich noch rührender, noch verwirrender, noch anziehender als ihre Vorgänger. Jetzt wissen wir, was es ihn kostet. Aber er kann sich diese sinnlose Verschwendung erlauben. Er ist ja so reich! *(1961)*

Paul Morand

Ein trostloser Abend. Autopanne in Valvins. Keine andere Gesellschaft als das nachbarliche Gespenst von Mallarmé. Ich setze eine Dame in einem schäbigen Gasthof ab. Das Zimmer ist von einem rotglühenden Petroleumöfchen und einer periodisch aufflammenden Lichtreklame hinter dem Vorhang aus Häkelspitze erhellt. Die Dame läßt sich auf die mottenzerfressene Bettdecke fallen und bricht vor Müdigkeit und Kälte in Tränen aus. »Ich will nicht in einem Simenon-Zimmer schlafen!« schluchzt sie.

Es gibt also einen Simenon-Stil, wie es einen Empirestil gibt. Es gibt auch ein Reich von Simenon, viel größer als das Reich Napoleons, gegen das Moskowiter und Spanier nichts vermögen, als es ihrem Herrn und Meister nachzutun. Eine erstickende Atmosphäre, die uns aber zur Lebensluft geworden ist. »Sie beginnen Ihrem Porträt zu ähneln . . .« Unsere Hölle der sechziger Jahre beginnt dem vorgeahnten Bild zu ähneln, das Simenon vor über dreißig Jahren von ihr gezeichnet hat.

Simenon gibt uns alles. Außer sich selber. Außer dem Geheimnis seines erstaunlichen Denkapparates. Außer dem Geheimnis seiner Kunst. Er ist der größte Maler der Einsamkeit, und zwar der schrecklichsten von allen – der Einsamkeit in der Masse.

Ich erwache nachts, von Reue über meine Faulheit, meinen Hedonismus übermannt. Im Dunklen sehe ich wie einen Vorwurf jenen amerikanischen Kalender: drei Tage im Monat sind mit rotem, drei mit schwarzem Bleistift durchgestrichen. Es sind die sechs Tage, an denen Simenon jeden Monat ein Buch verfaßt: drei Tage lang schreibt er, drei Tage lang korrigiert er es.

Und was geht in der restlichen Zeit im Kopf meines Nachbarn, des Schloßherrn von Echandens, vor? Ich hoffe, er denkt an seine Freunde, so wie sie an ihn. *(1961)*

Henry Miller

Wie schade, daß ich ihn erst so spät in meinem Leben kennengelernt habe! Sicher hätte er mir so manche Tricks zeigen können, natürlich keine geheiligten Berufsgeheimnisse, sondern solche, die der Selbsterhaltung dienen.

Denn wie soll man aus der Höhe einer Zirkuskuppel springen, ohne sich im Netz den Hals zu brechen, wie unter Wasser den Atem anhalten, wenn einen jemand zu ertränken versucht, wie sich für den guten oder schlechten Kandidaten entscheiden, ohne sich zu sehr dabei zu engagieren? Und so weiter. Denn ich halte ihn für einen Meister der Kunst: nämlich in der Kunst des täglichen Lebens.

Er wäre ein wunderbarer (wohlwollender) Diktator geworden, der uns alle reichlich mit echtem Brot gefüttert und mit echtem Wein versorgt hätte und nicht mit ideologischen Wahrheiten, von denen man geistige und moralische Verstopfung bekommt.

Er ist all das, was ein Schriftsteller sein sollte und bleibt dabei doch ein Schriftsteller. Ein ganz außergewöhnlicher Schriftsteller außerdem, wie jedermann weiß. In der Tat ist er einzigartig nicht nur für unsere Zeit, sondern für jede Epoche. (Man muß schon bis auf Lope de Vega zurückgehen, bis man wieder auf einen ähnlichen Menschen stößt.)

Für mich war es ein glücklicher Zufall, daß ich im letzten Jahr auf dem Festival von Cannes seine Bekanntschaft gemacht habe.

Ein glücklicher Zufall, ja, weil ich dort Gelegenheit hatte, seine Natur in ihrer ganzen Vielfalt kennenzulernen. Als Präsident der Jury war er der meistbeschäftigte und -geforderte von uns allen, schien sich dennoch am wohlsten zu fühlen, war der verehrungswürdigste und liebenswürdigste. Außerdem war er der lebhafteste von uns allen, der enthusiastischste, der neugierigste und findigste. (Vielleicht ist er aber auch ein Schauspieler, denn es fällt schwer zu glauben, daß irgend jemand das ganze Festival über so voller Energie sein kann.)

Einige Monate später habe ich ihn in seinem Haus in Echandens besucht. Dort habe ich ihn völlig entspannt und sorglos gesehen. (Oder spielte er auch dort nur eine Rolle?) Dort habe ich den Vater, Ehemann und Freund kennengelernt, der wie ein gütiger, höchst kultivierter Monarch jederzeit für mich da war. Ich hoffe, man wird mir den Ausdruck verzeihen.

Ein Monarch, das ist er wirklich, zwar ein Monarch ohne Königreich, es sei denn, man versteht darunter die große Zahl seiner Leser überall auf der Welt, die Nacht für Nacht seiner bedürfen: die glücklichen Schlaflosen, die keines seiner Bücher aus der Hand legen können, bevor sie es nicht in einem Zuge von Anfang bis Ende ausgelesen haben.

Es fällt uns allen nicht schwer, für einen Nachmittag oder Abend gute Laune zu haben, vor allen Dingen dann, wenn wir einen Gast gerne in unserem Hause sehen. Aber vier Tage lang, das ist dann schon etwas anderes. Am dritten Tag nach meiner Ankunft fing es etwas an zu kriseln. Aber das war keineswegs Simenons Schuld.

Das Baby bekam Zähne, die Küchenhilfe bekam Anfälle, Madame Simenon hatte nachts nie länger als drei oder vier Stunden geschlafen. Und welche Menge Post hat sie jeden Tag zu erledigen! Und wie viele Telefonanrufe! Ganz zu schweigen vom Haushalt und den Kindern. Unser Simenon lebte dagegen wie ein Vogel im Nest. Er brauchte nur zu pfeifen, und alles wurde ihm vorgesetzt. Alles, damit will ich sagen, was immer er wollte.

Keiner kann die Schranken durchbrechen, die ihn beschützen. Bei uns in Amerika würde man sagen, er lebt wie Gott in Frankreich (il mène la vie de Reilly?), in Frankreich würde man es ein Leben im Schlaraffenland nennen. Und das bis zu dem Augenblick, wo er sein nächstes Buch begann.

Vor jedem neuen Buch unterwirft er sich wie ein Boxer oder ein Radrennfahrer vor dem Sechstagerennen einer besonderen Routine. Ich spreche nicht vom Bleistiftspitzen, von Vorstudien in Adreßbüchern und Jahrbüchern, auch nicht vom Studium von Landkarten, alter Musikinstrumente oder alter Geldmünzen: Ich spreche von der geistigen Disziplin, zu der er sich zwingt, von der Haltung eines Guru, mit der er das in Frage kommende Problem angeht.

Aber es war eigentlich am Familientisch, wo ich den Simenon kennengelernt habe, den ich am meisten beneide. Dort, umgeben von seinen Kindern, eins davon noch ein Baby, habe ich den Vater beobachtet – ein absoluter Ausnahmefall –, der mit seinen Kindern zu sprechen weiß. Sein Sohn Johnny, ein Junge von zehn oder elf Jahren,

der ganz und gar so aussah, als würde er einmal ein ganz
schöner Raufbold, hörte nicht auf, seinen Vater mit Fragen zu belästigen. Alle möglichen Fragen: ungereimte, tief-
sinnige, irritierende und verwirrende.

Mit der Geduld eines Heiligen und der guten Laune
eines Weisen beantwortete Simenon all diese Fragen ganz
ausführlich. Ich war tief gerührt. Obwohl ich mich
gezwungen habe, mich meinen Kindern gegenüber ähnlich
zu verhalten, bezweifle ich sehr, daß ich jemals wirklich
Erfolg damit hatte. Ich sollte vielleicht noch hinzufügen,
daß er, sogar wenn seine Kinder sich schlecht betrugen, nie
die Nerven verlor. Lachend ging er darüber weg, als ob es
eine Sache ohne jegliche Bedeutung sei, etwas, was schnell
vergessen war.

In seinem Büro, in das ich jeden Tag schlüpfte, um
gemütlich und in Ruhe zu plaudern, war er stets bereit,
über alles mögliche mit mir zu sprechen. Mit Simenon
hatte ich jene Art von Gesprächen, die ich am meisten
schätze: ich will damit sagen, sprechen aus Freude am
Sprechen. So fing man etwa mit der Lage einzelner Völker
an, kam dann auf Gilles de Rais oder den Marquis de
Sade, es war ganz egal, wie, wo oder wann, nach wenigen
Minuten waren wir so eifrig bei der Sache wie Botaniker
auf der Schmetterlingsjagd.

Während dieser leicht dahinfließenden Gespräche wurden keine Messer gewetzt, da wurde kein Ziel erreicht
keine Überzeugung aufgedrängt. – Ja, ich ertappte mich
dabei, daß ich ihm zuhörte, wie man Orgelmusik zuhört.
Vor allen Dingen war ich sehr beeindruckt, wie umfassend
diese Bildung war, die sich da so selbstverständlich
äußerte. Hier habe ich einen reifen Mann vor mir, sagte
ich mir, einen Mann, der von allen Dingen des Lebens
gekostet und Wesentliches dabei gelernt hat. Er ist weder

Optimist noch Pessimist, sondern ein Mensch, der seine Zukunft und seinen Lebensbereich völlig klar sieht, der weder verurteilt, noch verdammt, der immer mit dem Lebensrhythmus im Einklang steht. *(1961)*

Jean Paulhan

Worüber beklagt sich Simenon? Auf der Welt kursieren einige hundert Millionen Romane mit seinem Namen. Man rechne noch fünfzig Millionen hinzu, die er anonym geschrieben hat. Es ist doch so: die Menschen brauchen Geschichten und Mythen, doch wenig Literatur. Dennoch wird Simenon nicht ruhen, bevor er nicht von den Geschichten zur ›großen Literatur‹, zur tragischen Literatur übergewechselt hat, wie er schon glänzend den Sprung geschafft hat vom anonymen (manchmal erotischen) zum Kriminalroman, dann vom Kriminalroman zum populären. Es ist rührend, bei einem Autor solch ein Bedürfnis nach Fortschritt zu konstatieren. Noch rührender ist es, wenn es diesem Autor – wie uns gesagt wurde – gegeben ist, einen Roman in neun Tagen zu schreiben. Vor einigen Jahren ging das Gerücht um, bei Simenon kündige sich ein unmittelbar bevorstehendes Werk wie die Schwangerschaft bei einer Frau an, mit Übelkeit und wiederholtem Brechreiz. Dieses Gerücht wurde nicht bestätigt, wir können davon ausgehen, daß es sich einfach um eine Metapher handelt. Jedoch eine Metapher, an der etwas wahr ist. Der Roman Simenons gehört in die Reihe der natürlichen Prozesse. Und im Leben ist ein natürlicher Prozeß einfach schwieriger von Grund auf zu ändern als ein Kunstgriff, als ein ganzes System von Kunstgriffen; Kinder macht man heute beinahe noch genauso wie jeher.

Es ist zu beachten, daß von diesen zwei- oder dreihundert Romanen nicht ein einziger uninteressant oder absolut langweilig ist. Ob der Schauplatz La Rochelle, Numea oder Konstantinopel ist, die Atmosphäre ist gewiß monoton, aber eben diese Monotonie schnürt uns allmählich die Kehle zu und nimmt uns etwas die Luft. Der Stil quillt über vor Adjektiven und Adverbien; zumindest ist er korrekt, oder beinahe korrekt.

Er klingt echt. Er zeugt von gewissenhafter Beobachtung. Man denkt an den Bericht eines Notars oder eines Polizisten. Und man sagt sich auch: So kann das nicht weitergehen, es gibt eine Katastrophe. Bezüglich der Personen . . .

Im allgemeinen sind es kleine Leute: ein Arzt ohne Patienten, ein Akrobat ohne Engagement, ein junges Mädchen ohne Liebhaber, ein kleiner Bistrobesitzer, ein Lehrer, ein Transportarbeiter, irgendwelche angehende oder gescheiterte Durchschnittsbürger. Keine Bösewichte, die einfach ihren Instinkten, ihrem Schicksal, oder wie man sagt, ihrem Unterbewußtsein folgen. Nein, sie sind kaum Herr ihrer selbst, geschweige denn der Welt. Jämmerliche Gestalten (wenn Simenon sie tragisch sieht), die ganz damit beschäftigt sind, die bevorstehende Katastrophe unbemerkt abzuwenden oder durchzukommen, dem gleichen nahenden Unglück aus dem Weg zu gehen, das den Marionetten bei Maeterlinck so Angst machte.

Simenon ist die Prinzessin Maleine als Barmädchen. *(1969)*

Harold Hobson

Ich lese Simenon wegen seinem ausgeprägten Sinn für örtliche und zeitliche Atmosphäre, wegen seiner tiefen Einsicht in das menschliche Gemüt und seinem Mitgefühl für das, was er dort entdeckt; wegen der vortrefflich erdachten Handlung und der unprätentiösen Meisterschaft seines fesselnden Stils. Sein Werk ist nicht so großartig planmäßig wie die *Menschliche Komödie,* aber es ist viel besser geschrieben. Tatsächlich dürfte Balzac mit seinen hysterischen Übertreibungen einer der schlechtesten Stilisten der Welt sein*. Simenon hat ein viel feineres Maßgefühl. *(1969)*

Georg Svensson

Es scheint erstaunlich, daß der Nobelpreis für Literatur ihn bisher übergangen hat; vielleicht nur darum, weil er als der größte lebende Detektivschriftsteller gilt. Das ist zweifellos eine Literaturgattung, die endlich offizielle Anerkennung finden sollte, aber wie viele Kritiker, manche unserer eigenen Akademiemitglieder inbegriffen, würden wohl den intellektuellen Mut aufbringen, alle Vorurteile abzuschütteln und hinter dem Unterhalter das große schöpferische Talent zu sehen? *(1969)*

* Vgl. aber die Gesamtausgabe der *Menschlichen Komödie* in vierzig Taschenbüchern, Diogenes Verlag (detebe 130/1-XL).

Jean Cassou

Ich schmeichle mir, daß ich als einer der ersten auf literarischem Niveau über Simenon gesprochen habe, das heißt, ich erkannte in ihm nicht einen bloßen Unterhalter, sondern einen echten Schriftsteller, der jedem Genre, auch dem als »minderwertig« verrufenen des Detektivromans, einen ernstlichen menschlichen Wert verleiht. Simenon hat nicht nur den Detektivroman auf die Höhe des Kurzromans gebracht, sondern sich auch selbst über dieses Genre emporgearbeitet. Ich lese sehr wenig Romane, weil ich lieber Gedichte lese, aber Simenon lese ich wie Poesie. *(1969)*

Raymond Mortimer

Es war in Algerien, kurz nach der Befreiung von Nordafrika, als Gide sich über mich lustig machte, weil ich Mauriac als den größten lebenden Romancier bezeichnete. »Wer denn sonst?« fragte ich. – »Simenon«, antwortete er. (Zyniker werden vielleicht sagen, Gide war so großmütig, weil Simenons Ziele und Technik den seinen so gänzlich entgegengesetzt waren.) Als er mich 1945 fragte, wen er mit mir zusammen zum Diner einladen sollte, sagte ich darum sofort: »Simenon.«

Nach einem köstlichen Mahl in einem Schwarzmarkt-Restaurant (das Simenon bezahlte) ging Gide nach Hause, und Simenon schleppte mich auf einen Jahrmarkt in Montmartre, wo es Karusselle und Schießstände gab. Seither habe ich bei unseren nur allzu seltenen Begegnungen den erstaunlichsten aller Geschichtenerzähler als einen Freund von bezaubernder Herzlichkeit kennengelernt. *(1969)*

Pamela Hansford Johnson

Georges Simenon ist von allen zeitgenössischen Schriftstellern der größte Meister des Atmosphärischen, und hauptsächlich darum lese ich ihn. Er hat einen gewissen, geradezu glänzenden Sinn für Zeit und Milieu – siehe *La Marie du Port, Liberty Bar, L'Homme qui a vu passer les trains*. Darin scheint er mir unübertrefflich.

Ich glaube, daß er nicht viel Sinn für Handlung hat, und daß der Kreis seiner Personen eher begrenzt ist, obwohl er sie wunderbar zeichnet. Aus diesen Gründen möchte ich sein Werk nicht mit der *Menschlichen Komödie* vergleichen, die gerade in diesen beiden Punkten gigantisch ist.

Seine besten Maigret-Geschichten stehen seinen »echten« Romanen künstlerisch in nichts nach – was keine geringe Leistung ist, weil er immer wieder die gleiche Figur auftreten läßt, die ihrerseits wieder und wieder die gleichen, wohlvertrauten Methoden anwendet. Ich teile unbedingt die Meinung von Gide und Mauriac, daß Simenon »der vollkommenste französische Romancier unserer Zeit« ist. Seine Vollkommenheit ist etwas ganz Eigentümliches und Außergewöhnliches. *(1969)*

C. P. Snow

In vieler Hinsicht gleicht Simenon den großen Romanciers des neunzehnten Jahrhunderts weit mehr als irgendein anderer Schriftsteller unserer Zeit. Ich meine damit nicht, daß er altmodisch wäre oder sie kopierte. Im Gegenteil, er ist ungewöhnlich originell und verdankt fast alles sich selber. Aber er besitzt eine Freimütigkeit und Schaffenskraft, die ihn Vorgängern wie Balzac ähnlich machen. Er hat – das wurde so oft gesagt, daß es schon langweilig wird – ein erstaunliches Talent für Atmosphäre und Milieu. Was aber noch wichtiger ist – es gibt meines Wissens keinen anderen Schriftsteller des zwanzigsten Jahrhunderts, dessen Kenntnisse und Einfühlungsvermögen sich auf einen so weiten Kreis von Menschen erstrecken. Wo er, zumindest in meinen Augen, im Vergleich zu Balzac schlecht abschneidet, ist das Gebiet der reflektierenden Intelligenz. Nein, das ist nicht ganz gerecht. Simenon schließt die reflektierende Intelligenz mit Bedacht aus. Das hat seine Vor- und Nachteile: es erhöht die Objektivität, die Gegenständlichkeit und Dichte seines Werks, bewirkt aber andererseits, daß seine Romane im Rückblick weniger erinnernswert und vielleicht weniger befriedigend erscheinen. Nichtsdestoweniger ist er einer der besten lebenden Schriftsteller, und wir sollten stolz auf ihn sein. *(1969)*

C. Day Lewis

Ich begann Simenon zu lesen, weil ich süchtig nach Detektivgeschichten bin, erkannte aber bald, daß er mit seinen besten Kriminalromanen in eine Dimension vorstößt, die seinen Kollegen nicht erreichbar ist.

Obwohl er jeden psychologischen Jargon vermeidet, zeigt Simenon tiefes Verständnis für die Mentalität des Verbrechers; er bringt es immer wieder fertig, knapp und eindrucksvoll das Milieu wie auch die menschliche Verkümmerung zu zeichnen, woraus die verbrecherischen Triebe entspringen. Sein tiefes Verständnis für das Böse macht Simenon zum Künstler. *(1969)*

Patricia Highsmith

In all seinen Büchern ergreift Simenon die Partei des
»underdog«. Wenn es irgend etwas gibt, was er haßt, so
sind es die Rechtsanwälte, und gleich danach wahrscheinlich: das Gericht.

Die wichtigste Eigenschaft seiner jungen Jahre ist wohl
seine Abneigung gegen jede Art von Verurteilung. Das
gibt seinen Büchern ihre Offenheit, ihre unwiderstehliche
Aufrichtigkeit, ihre klare Einfachheit und Lesbarkeit.

Jeder Künstler hat eine Persönlichkeit; seine eigene
Brille, durch die er die Welt sieht; an dieser Brille erkennt
man ihn und fällt seine Entscheidung für oder wider das
Werk. Simenons Brille, so könnte man sagen, ist aus
reinem Glas, sie verzerrt nichts. Und es ist interessant,
daß er der meistgelesene lebende Autor ist. Offensichtlich zieht das Publikum die unverfälschten »Fakten« vor.
(1969)

Federico Fellini

Ich konnte nie glauben, daß Simenon wirklich existiert.
Seine ungeheure Produktion, das immer neue Staunen
über die Vollkommenheit seiner Erzählungen, die psychologische Genauigkeit seiner unendlich vielen Figuren, die
Eindrücklichkeit der Landschaftsbeschreibungen vermit-
telten mir stets das Bild eines hinreißenden Schriftstellers,
das aber so ungreifbar und unbestimmt blieb wie etwa das
Bild des Frühlings, des Meeres, das Bild von Weihnachten,
also das Bild von Erscheinungen, Wesenheiten, Naturele-
menten, Umständen, Konventionen, das man mit Vergnügen und unbewußtem Wohlgefühl in sich aufnimmt und

erlebt, ohne daß es imstande wäre, die Begriffe in ihrer Dinghaftigkeit und Identität zu verkörpern.

Manchmal schien mir Simenon auch ein Allgemeingut zu sein, ungefähr wie die Elektrizität, die Schule, die Spitäler, die Feuerwehr. Ich merke, daß ich Blödsinn rede, der den Gegenstand einer so unüberlegt ausgedrückten Bewunderung sogar beleidigen könnte; doch ich möchte damit nur sagen, daß Simenon mehr ist als ein Schriftsteller; oder vielleicht ist er auch der Schriftsteller im wahrsten und vollsten Sinne des Wortes, weil eben gerade das, was an ihm alltäglich, banal, handwerklich, ja beinahe simpel ist, ihn zum Freund, zum Vertrauten, ja zum Verwandten des Lesers werden läßt.

Wir haben so viele Gründe, Simenon dankbar zu sein! Vor allem einmal, weil er ein unerschöpflicher Schriftsteller ist (bekommt man nicht Lust, ihm Beifall zu klatschen wie im Zirkus bei den erstaunlichen Kunststücken mancher Jongleure und Akrobaten?). Eben diese Unerschöpflichkeit ermöglicht es, ständig neue Bücher von ihm zu entdecken; es gibt immer wieder einen letzten Simenon, der dann immer wieder der vorletzte ist, und das bloße Verzeichnis seiner Buchtitel ist vielleicht das umfangreichste Buch, das er geschrieben hat, das mit der größten Seitenzahl! Und das macht uns Freude, das beruhigt uns, das ist uns ein Trost, so ungefähr wie für den Raucher das Bewußtsein, daß die Zahl der Tabakläden praktisch unbegrenzt ist. Bei näherer Betrachtung ist der Vergleich nicht einmal so abwegig, denn Simenon ist auch eine Sucht, der man immer mehr und mit wachsendem Genuß verfällt. Außerdem ist der Kreis noch aus einem anderen Grund endlos: seine Geschichten sind alle mit bewundernswert logischer Strenge und Klarheit aufgebaut, aber das Merkwürdige ist, daß man sich nach einem Jahr nicht mehr an die Handlung erinnert. Was zurückbleibt, ist bloß ein Eindruck, ein unverwechselbares, sehnsüchtiges Gefühl, und dieses Gefühl lockt einen, das Buch noch einmal und noch ein zweites Mal wiederzulesen. Man gerät in eine beinahe unbegrenzte Umlaufbahn des Lesens hinein, so daß Simenon dauert, solang man nur will, einen das ganze Leben lang begleitet, sich mit dem eigenen Leben verbindet. Wie viele Eisenbahnfahrten mit Simenon, wie viele Rekonvaleszenzen mit seinen gierig verschlungenen Geschichten, mit seinen Büchern neben sich im Bett – seine Landschaften, seine Personen, seine Atmosphären, die Farben, die Gerüche, der unaufhaltsame Fluß seiner wahren oder erfundenen Erinnerungen, eine wohlige Wärme, ein Stück warmer Menschlichkeit, ein langer, fließender, wohltuender Traum, der dem Leben gleicht und uns vielleicht helfen will, das wirkliche Leben zu deuten, zu lieben und zu leben.

Essays

>»Sacrebleu! Seit Jahren schinde ich mich
ab, Bauern, Fischern, überhaupt jedem das
richtige Wort in den Mund zu legen. Leute
wie mich reden zu lassen – das wäre mir
nicht schwer gefallen. Die komplizierte
Persönlichkeit ist am leichtesten, da der
Schriftsteller – a priori selber kompliziert –
sie besser erfaßt und versteht als irgendeine
andere. Aber Menschen auftreten zu lassen,
die leben und nicht denken . . .«

François Bondy
Das Wunder Simenon
Ein Balzac unserer Tage?

1957

Georges Simenon ist zweifellos der erfolgreichste und populärste Romancier französischer Sprache, mit mehr als zweihundert Romanen ein wahres Phänomen der Fruchtbarkeit. Viele hervorragende Autoren und Kritiker haben Simenons »Reißer« als literarische Werke gewürdigt und seine eigentümliche Mischung von Realismus und Phantastik analysiert. Von Georges Simenon als einem Schriftsteller hohen Ranges zu sprechen ist daher längst kein Paradox und keine Kühnheit mehr, sondern schon beinahe ein Gemeinplatz.

Simenon, der Polygraph, hat sich im Laufe der Zeit nicht »ausgeschrieben«, sondern eher »eingeschrieben«. Das letzte Dutzend seiner Romane – man denkt bei ihm unwillkürlich in größeren Verbänden – zeigt ihn auf der Höhe seiner Meisterschaft. Das »Wunder Simenon« aber ist nicht darin zu sehen, daß er von mittelmäßiger Kolportage zu echt literarischen Werken gereift ist, sondern vielmehr in der Tatsache, daß sowohl sein Werk wie dessen Bewertung trotz allem noch im Zwielicht bleibt. Ist er ein Meister oder ein Industrieller der Literatur? Auch Honoré de Balzac hat unter mehreren Pseudonymen anfangs literarisch wertlose Kolportage geschrieben und erst später »echte Balzacs«. Simenon, der gleichfalls viele Pseudonyme benutzt hat – unter dem ersten, Georges Sim, erschien *La tête d'un homme*, das alle Simenon-Fans besonders schätzen –, schreibt weiterhin abwechselnd mit

71

der rechten und der linken Hand. Wer heute in einer französischen Buchhandlung einen Simenon erstehen will, den fragt der Verkäufer: »Wollen Sie einen Maigret oder einen ›psycho‹?« Mit andern Worten: einen Kriminalroman, dessen Held der brummige, väterliche, pfeifenrauchende Kriminalkommissar Maigret ist, oder einen psychologischen Roman, der meist um ein Ehedrama oder das Vater-Sohn-Verhältnis kreist – jedenfalls immer um das Geheimnis der Verständnislosigkeit und unüberbrückbaren Fremdheit zwischen Menschen, die nach ihrer Familienbeziehung in engster Intimität zueinander stehen.

Der Romancier Simenon ist also zugleich Produzent und Schöpfer, und das mit einer naiven Unbefangenheit, die allen Vorstellungen von der Würde des Schriftstellers zu spotten scheint. Aber von Spott ist bei ihm selber nicht die Rede. Er ist stolz auf die vielen Leserbriefe, die von seinen »Psychos« angeregt werden. Es sind oft ausgedehnte Beichten von Lesern, die sich in seinen Familiendramen selber wiederfinden und verstanden fühlen. Sie enthalten Dank für die Hilfe, die den Lesern damit zuteil geworden ist, ihre geheimsten Nöte so objektiv dargestellt zu finden. Denn es ist zwar gelegentlich irritierend, manchmal aber auch erlösend, feststellen zu können, daß das eigene Schicksal kein Sonderfall, sondern etwas Alltägliches ist. Simenon selber empfindet diesen Teil seiner Schriftstellerarbeit als eine Art Seelsorge.

Ein Vergleich mit Graham Greene, dem einzigen Autor von Rang, der ihm auch als »mystery writer« an Massenerfolgen mindestens gleichkommt, liegt nahe. Auch Graham Greene unterscheidet in seinem Werk die »divertissements« und die groß angelegten Romane. Aber bei Greene läuft die Trennungslinie zwischen der Unterhaltung und dem höheren literarischen Anspruch nicht so einfach wie bei Simenon. Unter seinen *»divertissements«* sind Romane, wie *The Ministry of Fear*, die seinen anspruchsvolleren Erzählungen literarisch überlegen sind. Mit wenigen Ausnahmen haben Greenes Personen etwas von Marionetten, die der Autor ganz in der Hand behält. Er ist ihnen nicht ausgeliefert, sondern führt sie, wohin er will.

Ganz anders Simenon. Die äußere Trennung zwischen seinen Detektivgeschichten und seinen eigentlichen Romanen entspricht einem wesentlichen inneren Unterschied. Seine Gestalten sind Opfer eines Schicksals, das sie sich selber bereiten oder in das sie sich unschuldig-schuldig verstricken, in das der Autor sich aber nicht eigentlich einmischt. Sie sind, wie sie sein müssen, und eben deshalb oft so rätselhaft; sie können nicht anders, und auch ihr Erzeuger, der mehr der erstaunte Zeuge, der Stenograph ihres Daseins ist, kann nicht anders.

Simenons Weg geht von der Virtuosität des Alleskönners zur intensiven Konzentration und Vereinfachung. Unter den neueren Romanen, die ihn auf der Höhe dieser Meisterschaft zeigen, seien hier genannt: *Lettre à mon juge, Les témoins, Les complices, Le grand Bob, En cas de malheur* und die amerikanische Gruppe *L'horloger d'Evarton, Feux rouges* und *La mort de Belle.*[*]

Bevor Simenon sich zum Autor der »Intimfeindschaft«, des Verhältnisses von Verbundenheit und Fremde zwischen den Menschen, entwickelt hatte, war sein Ruhm vor allem auf die Atmosphäre seiner Erzählungen gegründet – eine flämische Hafenstadt, eine Kanallandschaft, die Vendée, die Côte d'Azur, eine Ranch in Connecticut oder

---

* Erschienen sind im Diogenes Verlag: *Brief an meinen Richter* (detebe 135/1), *Im Falle eines Unfalls* (detebe 135/4), *Bellas Tod* (detebe 135/6); die übrigen Romane sind in neuer Übersetzung in Vorbereitung.

New Mexico, eine amerikanische Autostraße; die Menschen erschienen wie Gewächse dieser Landschaft, als Teil eines eigentümlichen Klimas. Handlung im Sinne von Peripetie und Verknüpfung einer Vielfalt von Motiven und Gestalten ist nie Simenons Stärke gewesen – es lag ihm auch nichts daran. Erhellung einer menschlichen Situation aus Anlaß eines Verbrechens oder eine teilweise Erhellung, die dann langsam wieder ins Dunkel zurücksinkt, so daß man am Ende nicht mehr sicher ist, das Rätsel gelöst zu haben, und zugleich spürt, daß es gar nicht so sehr darauf ankommt – das ist Simenons Leitmotiv.

Jene Liebhaber des Kriminalromans, die gerade die Künstlichkeit des Spiels mit festen Konstellationen suchen, finden sich von Simenon enttäuscht. Bei ihm haben die Menschen zu viel Gewicht und die Probleme zu wenig. Es finden sich weniger auflösbare Rätsel als Geheimnisse; und das Geheimnis bleibt. Nie hat man den Eindruck, er habe sich für die Erfassung eines bestimmten Milieus so gründlich Unterlagen verschafft, wie etwa Emile Zola, nie empfindet man, daß er das Pittoreske an sich gesucht habe, sondern eher, daß eine bestimmte Atmosphäre ihn selber allmählich durchdrungen hat wie Wasser einen Schwamm.

Auch in seinen neueren Romanen ist Atmosphäre, eine Luft, die man greifen zu können meint. Aber er begnügt sich mit immer knapperen Andeutungen und erzielt seine Effekte mit sparsamsten Mitteln. Auch seine Gestalten werden immer naiver und gewöhnlicher, er sucht viel eher banale als außerordentliche Schicksale auf – einen Provinzarzt, einen Pariser Advokaten, einen Industriellen in Le Havre ... je karger und konventioneller sie sind, desto intensiver wird das Eindringen in das Geheimnis der Beziehung zwischen zwei Menschen. Er bringt seinen Gestalten nicht äußerliche Neugier entgegen, sondern innere Teilnahme, und immer öfter Freundschaft oder Mitleid. In Simenons Wirtschaft geht übrigens nichts verloren, eine Nebengestalt aus einem Buch taucht alsbald im nächsten Roman unter anderem Namen als Hauptperson wieder auf.

Das völlige Ineinandergehen von Klima und Schicksal ist dem Belgier Simenon seltsamerweise in einigen seiner amerikanischen Romane noch besser geglückt als in den flämischen und französischen. Da ist *Feux rouges*: ein Ehepaar unterwegs zu den Kindern, die in den Ferien sind; die Frau, wie fast alle Gattinnen von Simenon-Helden – kühl, überlegen, lebensklug, auf äußeren Erfolg bedacht; der Mann, ein typischer Simenon-»Unheld«, innerlich zerrüttet, mit sich und der Welt zerworfen, bereit, vor seinen Verpflichtungen auszureißen, zunächst ins Trinken, voll ohnmächtiger Unrast. *Feux rouges* ist vor allem die Vision einer Autostraße außerhalb New Yorks, wo man in Fünfer- oder Sechser-Reihen wie auf Schienen rollt. Das »Entgleisen« des Autos aus dieser Reihe und zugleich das Entgleisen des Mannes am Steuer aus der Spur seines Schicksals: beides ist hier in einer beinahe absichtslosen Weise zu einem Sinnbild verbunden. Die äußerste Vereinfachung, zu der Simenon in Erzählungen wie dieser gelangt, läßt sich ohne Gewaltsamkeit (wenn auch im Bewußtsein des vorhandenen Rangunterschiedes) mit späten Romanen von C. F. Ramuz vergleichen. Es ist ja merkwürdig, daß bei Simenon wie bei Ramuz die Ehe geradezu das Symbol der Fremdheit zwischen Menschen und das Symbol der unaussprechlichen Einsamkeit wurde und daß Simenon wie Ramuz den Roman immer mehr als eine »Prosadichtung« empfindet, die um so dichter und dichterischer ist, je mehr auf alle poetischen, schmückenden und gesuchten Worte verzichtet wird. Es ist der Versuch, aus der äußersten Einfachheit einen eigenen Rhythmus zu gewinnen, der etwas von der Staccato-Bewegtheit des Films hat. Viele statische Einzelaufnahmen sind nebeneinandergestellt, Satz um Satz, und geraten allmählich in eine Bewegung, die niemals ein wirklich breiter, epischer Fluß ist, aber auch niemals eine Pause aufkommen läßt.

Simenon beschränkt sich auf elementare menschliche Beziehungen, und zur »Atmosphäre«, die er schafft, gehören nur selten auch die geschichtlichen Verhältnisse, die zeitbedingten Umstände. Doch gibt es wichtige Ausnahmen, wie *La neige était sale*, ein Roman der im besetzten Nachkriegsdeutschland spielt und in seiner dramatisierten Fassung jahrelang über die Bühnen ging. Hierher gehört auch sein amerikanischer Roman *La mort de Belle**. Ein Mann, dessen Gattin zu einer Bridgepartie ausgegangen ist, erfährt am nächsten Tag, daß ein junges Mädchen, das sie beide im Hause aufgenommen hatten, in ihrem Zimmer vergewaltigt und ermordet wurde. Er gerät in den Verdacht der Täterschaft, sogar bei seiner Frau, verfällt gesellschaftlicher Ächtung und findet schließlich auch in seiner eigenen Gewißheit, unschuldig zu sein, keine Stütze mehr. Die unerträgliche Lage, in die ein unschuldig Verdächtigter in einer konformistischen Gemeinschaft kommen kann, hat in Amerika im Zeichen des »McCarthyismus« ihre Entsprechung in Hunderten von Fällen gefunden. Bei Simenon erscheint sie als unlösbare Verstrickung. Der Mann, der unter dem totalen Verdacht lebt und dessen gesellige Verbindungen eine nach der andern abreißen, macht sich schließlich eines Verbrechens schuldig, das dem ihm unterschobenen entspricht, und findet eine seltsame

* Erschienen im Diogenes Verlag: *Der Schnee war schmutzig* (detebe 135/2); *Bellas Tod* (detebe 135/6).

76

Art von Befreiung in dieser nachträglich hergestellten Kongruenz.

Das Zwielicht zwischen Schuld und Unschuld herrscht im Grunde genommen über der ganzen Romanwelt Simenons. Wenn Simenon bekennt, daß er neben Gogol vor allem Dostojewski bewundere und lese, so hat er ein gewisses Recht, sich auf jene Vorgänger zu berufen. Denn immer eindrücklicher rückt er das Motiv von Schuld und Sühne in den Mittelpunkt seines Schaffens. Neben der Fremdheit zwischen den Nächsten erscheint das Verbrechen als die noch intimere Fremdheit zwischen dem Einzelnen und seiner Tat. Das Verbrechen ist ihm die hervorragendste menschliche Erfahrung, und dementsprechend wird immer häufiger die Beichte als Erzählungsform verwendet. Sie ist vor allem ein Mittel, der Vergangenheit wieder habhaft zu werden, deren Verlust den Menschen ärger trifft als jede noch so fürchterliche Folge des Geständnisses. Dem Geschehen selber haftet ein fatalistischer Zug an, und eben deshalb fordert das Verbrechen, so wie Simenon es sieht, nicht in erster Linie Sühne, nicht einmal Gerechtigkeit und erst recht nicht Vergeltung, sondern vor allem Vertiefung des Bewußtseins.

Le grand Bob ist die Erzählung von einem Mann, der sich das Leben genommen hat – den Selbstmord, unter wochenlanger Vorbereitung, als Unglücksfall beim Fischen tarnend. Ein Freund geht diesem Rätsel nach. Warum hat der joviale Mann, der eine glückliche Ehe führte und einen großen Freundeskreis hatte, einen solchen Schritt getan? Das Geheimnis wird allmählich erhellt; es zeigt sich, daß er, einer unheilbaren Krankheit verfallen, seine ahnungslose Frau vor dem Anblick seines langsamen Dahinsiechens verschonen wollte, daß es ihm aber doch nicht gelungen ist, im guten Sinne Schicksal zu

spielen und anderen Menschen irgend etwas zu ersparen. – Der *Horloger d'Evarton* lebt seit vielen Jahren
allein mit seinem Sohn; die Frau hat ihn verlassen. Dieser
Sohn brennt durch mit einer Minderjährigen und begeht
unterwegs einen Raubmord. Der Uhrmacher versucht nun,
diesen Sohn, der ihn haßt und weder sein Mitgefühl noch
seine Hilfe begehrt, zu verstehen. Und aus diesem Verständnis, das wiederum eine Art Enquête in die Vergangenheit hinein ist, entsteht so etwas wie eine zweite Vater-
schaft. – Die zentrale Gestalt von *Le petit homme
d'Archangelsk*, dem ersten Roman einer neuen Gruppe, ist
ein Antiquar russisch-jüdischer Herkunft in einer französi-
sischen Kleinstadt. Seine Frau macht eine Eskapade, er
wird des Mordes verdächtigt, fühlt auf einmal alle Bande
zu seinen Mitbürgern zerrissen und erhängt sich – eine
neue Variation über das eine einfache Thema, um das
Simenons scheinbar üppige, in Wahrheit aber gebändigte
und disziplinierte Phantasie beständig kreist: die Fremdheit.

Faulkner, berichtet Simenon selbst, vergleiche ihn mit
Tschechow. Seltsam, daß sich so viele Assoziationen mit
russischer Literatur ergeben, während sich Simenon in eine
französische Erzählertradition schwer einfügen läßt, vielleicht am ehesten (das gilt vor allem für seine früheren
Bücher) in die Tradition des Spätnaturalismus. Aber sein
Grundthema der Intimität als menschlicher Fremdheit
und der Schuld als eines Geheimnisses entfernt ihn vom
»Gesellschaftsroman«.

Trotz aller Bewunderung, die seine größten Kollegen
ihm entgegenbringen, bleibt Simenon in unserem Bewußtsein in erster Linie ein »Unterhaltungsschriftsteller«.
Spätere Kritiker werden die Frage, ob ein Teil seines
Werkes in die Weltliteratur ragt, mit größerer Bestimmt-

heit beantworten können. Wenn es heute für jeden Versuch einer solchen Einordnung noch zu früh ist, so vor allem auch deshalb, weil Georges Simenon, der Vierundfünfzigjährige, noch mancher neuer Wandlungen und Entwicklungen fähig ist.

Luke Parsons
Simenon und Chandler

1960

Die Kriminalgeschichten von Raymond Chandler, und
noch mehr jene von Georges Simenon, haben ernste Anlie-
gen und eine Lebensnähe, die sie auf eine Stufe heben, die
man Literatur nennen kann. Sie bereiten uns ein ästheti-
sches wie auch intellektuelles Vergnügen, oder sind einfach
aufregend. Simenon und Chandler gehören darum zu den
seltenen Beispielen von Kriminalschriftstellern, die ver-
dientermaßen in den Studien zur zeitgenössischen Literatur
figurieren. Jeder hat seinen eigenen, sehr charakteristischen Stil und erschafft seine eigene typische und selbstän-
dige Welt. Eine Bewertung der beiden lohnt eine Analyse
dieser Welten. Sie sind eng mit dem wirklichen Leben ver-
knüpft – wie jede Phantasieschöpfung, die überhaupt etwas
gelten will –, tragen aber unverkennbar den Stempel ihres
Schöpfers. Ihre Gestalten sind, wie nur selten bei anderen
Kriminalgeschichten, nicht bloße Ziffern. Wir lesen sie mit
Vergnügen als Krimis von höherem Rang. Auch sind es
Romane nicht ohne Bedeutung für unsere wirren Zeiten.

In der Charakterzeichnung stehen Simenons Maigret-
Romane hoch über den Büchern von Chandler, die Fälle
aus Philip Marlowes Praxis berichten. Simenon führt uns
eine scheinbar endlose Prozession von lebenden Menschen
vor – groß und klein, arm und reich, aber meist klein
und arm –, die vielleicht nicht immer sehr tiefgründig
ausgeführt, aber an der Oberfläche und noch ein Stückchen
tiefer glänzend beobachtet sind. Seine Vorkriegsromane
mit ihrer schier erstickenden Atmosphäre von Apathie,

Zynismus und Hoffnungslosigkeit hätten uns auf den praktisch unvermeidlichen Zusammenbruch Frankreichs vorbereiten sollen.

Der Gegensatz zwischen den beiden Schriftstellern ist nirgendwo größer als in der Darstellung ihrer weiblichen Gestalten. Simenon romantisiert sie nicht, aber er erkennt an, was Chandler so oft zu vergessen scheint: daß sie nicht nur Kurven, sondern auch Herz haben.

Simenon bevorzugt gutmütige, restlos abgebrühte Huren und *demi-mondaines*, die zwar nicht ehrbar, aber aus dem Vollen leben, bis jemand sie umlegt, was leider nur zu oft passiert. Bei Chandler hingegen wird das Umlegen meist von den dekorativen, aber tödlichen Damen selbst besorgt – nur sind sie alle nicht so recht lebendig. Simenons Nachtlokal-Hostessen und Straßenmädchen sind lasterhaft, sündig und leidenschaftlich, oft tapfer, aber immer erschreckend lebendig. Chandlers Puppen kommen so sicher aus dem Spielzeugladen, wie seine Kerls ins Feuer zu wandern haben. Seine hemmungslosen, dem Mann so verderblichen *femmes fatales* scheinen alle nach der gleichen Schablone gestanzt und werden meist mit einem bemerkenswerten Mangel an Verständnis und Mitgefühl behandelt. Er betrachtet seine gequälten, so reizenden und so hilflosen Nymphomaninnen nicht als kranke Individuen, sondern als Allegorien der Verderbtheit, als Symbole einer kranken Gesellschaft.

Chandler tut das bewußt, obwohl man mit seinen freudianischen Kritikern vermuten könnte, es habe etwas mit dem Stück Puritanismus in ihm zu tun. Wie man aus seinem Essay *Die simple Kunst des Mordes** erfährt, betrachtet er seine Detektivgeschichten gewissermaßen als

* Erschienen im Diogenes Verlag 1975 (detebe 70/5).

moderne *moralités*, in denen viele Figuren einfach die sieben Todsünden symbolisieren – und zweifellos auch die zahllosen läßlicheren Sünden, denen das Fleisch – in Kalifornien besonders – so leicht zur Beute fällt. Aber was er an moralischem Schwung gewinnt, verliert er im Karussell des Lebens. Sein Detektiv Marlowe ist ein wirklicher Mensch, aber allzu oft hat man den Eindruck, daß er Schatten nachjagt oder von Schatten gejagt wird. Natürlich ist er immer die Hauptperson des Romans. Chandler läßt uns das Leben aus einem »privaten Auge« anschauen, dessen Aufgaben ihn an die merkwürdigsten Orte führen. In dieser Hinsicht wirkt seine *raison d'être* im Drama manchmal plausibler als jene von Conrads Marlowe. Beide spielen, natürlich individuell ganz verschieden, die Rolle des »idealen Beobachters« von Henry James, aber sie sind keine interesselosen Beobachter.

Besonders Chandlers Marlowe ist ausgiebig an den turbulenten Affären beteiligt, in die sein Auftrag und sein Gewissen ihn hineinziehen, und er beeinflußt sie ganz beträchtlich.

Trotzdem empfinden wir vielleicht manchmal, daß Chandler das, was er in seiner *Simplen Kunst des Mordes* behauptet: daß nämlich der Detektiv nicht nur der Held, sondern »alles« sei, allzu wörtlich nimmt. Zuweilen scheint uns Marlowe der einzige Mensch aus Fleisch und Blut in einer Welt von stereotypen Verdächtigen, serienmäßig hergestellten Polizisten und Industriemagnaten nach bewährtem Klischee. Chandler hat einen großartigen Blick für Bühnenbilder; er schildert die sonnenüberflutete kalifornische Landschaft mit bewundernswert sparsamen Mitteln. Doch was ihm ganz und gar fehlt, ist Simenons Nase: zum Beispiel für die Ausdünstung von schal gewordenem Parfum, oder altem Schweiß auf einem müden, nicht eben gründlich gewaschenen Körper, oder für den halb nostalgischen, halb widerlichen, aber absolut faszinierenden Gestank eines geschäftigen Fischerhafens mit seinen tausenderlei Gerüchen nach Petroleum, Fisch und Teer, nach Tauen und Seetang und Salzwasser und Ozon. Chandler zeigt uns mit brillanter Schärfe die Kulissen zu seinem Stück, aber bei Simenon sind wir mitten drin.

Simenons Inspektor Maigret absorbiert die Atmosphäre – Chandlers Philip Marlowe die Bestrafung, und beide ganz schön viel Alkohol. Einer der größten Gegensätze zwischen den beiden Männern besteht darin, daß Marlowe ein einsamer Wolf ist, ein Mensch allein, der soviel ich weiß weder ein Vorleben noch Familie hat; während Maigret die Kriminalpolizei hinter sich und Madame Maigret an seiner Seite hat. Madame Maigret wartet treulich auf ihn und umsorgt ihn liebevoll; wenn er sie neckisch an die Tage ihrer jungen Liebe erinnert, ist sie heimlich beglückt, wenn auch in ihrer bürgerlichen Seele schockiert. Echt häusliche Töne machen die Maigrets zu liebenswerten, lebenswahren Gestalten. Wenn Simenons »richtige« Romane weniger erfolgreich sind als seine Maigret-Bücher, so meiner Meinung nach deshalb, weil ihnen der Notanker der Normalität fehlt, die von der untersetzten Person des Inspektors verkörpert wird. Sie werden zu bloßen »Fällen« in einer kranken oder gar verrückten Welt, wo der Doktor auf Urlaub ist. Marlowe, der zu jeder Tages- und Nachtstunde ganz allein in seinem extra schäbigen, unbehaglichen Büro herumgeistert, wird durch keinerlei Familienbande vermenschlicht. Wie ein Held von Hemingway entzieht er sich jeder Bindung, weil er fürchtet, seine Integrität könnte darunter leiden. Wird seine angekündigte Heirat mit Linda Loring so wirken? Oder wird sie seiner ständig wachsenden Promiskuität, die den Keim der Zerstörung in sich trägt, ein Ende machen? Marlowe hat ein soziales Gewissen, obwohl er es nicht zeigen mag, Maigret ist zwar stur wie der Teufel, wenn er eine Spur verfolgt, aber in Wahrheit ein geselliger Kerl.

Simenon und Chandler führen uns jeder in eine harte, aber nicht unmenschliche Welt. In ihren Büchern wird die Kriminalgeschichte mündig, wird sie zum Roman. Und das Mitgefühl, das die Handlung bei all ihrer Brutalität und Gewalttätigkeit durchwärmt, verleiht ihnen eine Gültigkeit, eine wahre, bedeutsame Beziehung zum Leben, die den Erzählungen unserer zeitgenössischen Teddy-Boys mit ihrem leeren, Angst oder Verzweiflung verhüllenden Zorn fehlt. Simenon ist, um Christopher Isherwoods irreführenden Ausdruck zu gebrauchen – nicht bloß eine Kamera; kein Schriftsteller ist das jemals; aber manchmal erinnert er uns an einen Photographen, der seine Bilder genial komponiert und uns unverzerrte Aufnahmen vom wirklichen Leben liefert – so wie es eben ist. Chandlers Marlowe ist ein moderner Jedermann, wenn er auch manchmal, wie jeder harte Bursche, einen weichen Kern von Sentimentalität verrät. Wegen ihrer Popularität hat man sich darauf geeinigt, weder Simenon noch Chandler als Romanciers ernstzunehmen. Im Fall von Simenon protestierte André Gide gegen diese Einstellung, und für Elizabeth Bowen ist Chandler eine bedeutende Figur der amerikanischen Literaturszene. Vielleicht haben sie recht, und die kultursnobistischen Kritiker in ihrem Elfenbeinturm haben unrecht. Es stimmt, daß Schundhefte in Millionen Exemplaren verkauft werden. Es stimmt nicht weniger, daß Homer, Shakespeare, die größten Klassiker, in der ganzen Welt Anklang finden. Hohe Auflagen mit niedrigem literarischem Wert gleichzusetzen, ist absurd.

Deutsch von Trude Fein

Bernard de Fallois
Simenon – dies ungestrafte Laster

1961

Man hat lange gespielt, um ihn zu entdecken. Vielleicht sollten wir jetzt versuchen, ihn zu verstehen. Bei diesem Versuch ist es wiederum das Entdecken, das uns am besten weiterhelfen kann. Um ein Werk zu verstehen, dürfen wir nicht vergessen, mit welchem Vergnügen wir es gelesen haben: und dieses Vergnügen brauchen wir nur zu klären. Und bei welchem modernen *œuvre* hat der Leser unmittelbarer und eindringlicher, ganz für sich allein und beinah ungetrübt die Freude am Lesen erfahren können? 150 Titel haben ihn nicht erschöpft.

Die Überraschung ist groß: man war darauf gefaßt, eine Geschichte zu finden, und erstaunlicherweise findet man das Leben. Das Leben selber: nicht das Leben, das durch Außergewöhnliches oder durch die Dichtung verherrlicht wird, sondern das banale, alltägliche, einfache, gewöhnliche und doch starke Leben mit seinem geheimnisvollen, elektrisierenden, berauschenden Rhythmus. Es nützt hier nichts, das Spiel mitzumachen, sich zu gedulden, einige Zeit – einige Seiten – abzuwarten, bis die Geschichte in Gang kommt wie ein Traum. Im Gegenteil; die Geschichte hat einen schon bei den ersten Zeilen gefangengenommen, läßt einen nicht los, ist real bis zur Sinnestäuschung und führt einen in einem Atemzug bis ans Ende, wobei der Rahmen und die Personen mit so verblüffender Gegenwärtigkeit dargestellt werden, daß selbst die berühmtesten Schöpfungen daneben verblassen.

Das ist Simenons wesentlichste Eigenschaft und das

größte Geheimnis des Romanciers überhaupt. Stendhal sagt: Wenn der Roman die Nacht nicht übersteht, wozu ihn dann schreiben? Er muß es wissen. Dieses unaufhörliche Reproduzieren, diese außergewöhnliche Kraft, etwas aufleben zu lassen, über die der Romancier verfügt und um die ihn jeder andere Schriftsteller beneidet, diese Art, einfach etwas zu erfinden, ohne Bühne oder Leinwand, die totale Illusion als das Wesen des Romanhaften – die anderen Schriftsteller haben sich das offenbar immer nur gewünscht, Simenon scheint sie zu besitzen. Für den Kritiker ist er ein Problem, für den Romancier eine Herausforderung, für den Leser ein Vergnügen. Aber ist dieses Vergnügen so wichtig?

Denn schon kommt es zu einem Mißverständnis, das auf zweierlei Ebenen entstehen kann: Auf der ersten ist es nicht so schwerwiegend: es ist das Phänomen der Etikettierung. Der Autor der *Maigrets* wurde durch seine Kriminalromane bekannt und gehört damit ein für allemal in diese Rubrik. So beklagte sich Camus in den letzten Monaten vor seinem Tod, daß er bei den Journalisten immer und ewig der ›Theoretiker des Absurden‹ bleiben wird. Aber hinter diesem ersten Phänomen verbirgt sich ein tieferes Mißtrauen. Als ob der Leser Angst hätte, zum Narren gehalten zu werden. Als ob die Geschichte, die er gerade gelesen hat, zu spannend war, um auch wirklich interessant zu sein. Kurz, als ob die Qualität eines Buches im umgekehrten Verhältnis zu seiner ›Lesbarkeit‹ steht. Und es ist wirklich so, daß die Romane Simenons, geschrieben in einer Art Trance, diesen Zustand auf den Leser übertragen. Kommt das nicht einer Einladung zur Bequemlichkeit gleich, wird dabei nicht mit der Ablenkung spekuliert, die Denkfaulheit gefördert? Die Kritik wirft ihnen das oft vor. Auf die Gefahr hin, beim Autor alle im Rahmen des herkömmlichen Romans erwünschte Gewandtheit anzuerkennen. Kurz: unser größter Romancier – leider! Wobei sich die Kritik sicher im doppelten Sinn irrt. Denn es stimmt zwar, daß in diesen Romanen die Tradition nicht unberücksichtigt gelassen wird und der Leser sich mitreißen läßt und einer so zwingenden Vorstellungskraft erliegt, daß danach so etwas wie Leere folgt. Aber diese Leere könnte auch Fülle bedeuten, diese Tradition eine Eigentümlichkeit.

Es ist Simenons größtes Verdienst, das Lesen wieder aufgewertet zu haben, oder, wenn man will, die Kunst und die Leser wieder versöhnt zu haben. Wenn man Simenon verehrt, schmeckt man bei der Lektüre die Würze des Lebens, aber es bedeutet auch, im Leben Geschmack an der Lektüre zu finden, in der Unmittelbarkeit und Frische, die sie nur in der Kindheit hat. Dieser Ausgleich kommt nun ausgerechnet in einer Zeit, in der der Roman – nachdem er sich allmählich alle Randgebiete der Literatur zu eigen gemacht hat: die Moral durch Rousseau, die Wissenschaft durch Balzac, die Kunst durch Proust – zur Philosophie überzugehen scheint und sich hinter jeder Erzählung ein Essay verbirgt, die Kritik die Erfindung verdrängt, das Märchen zur Didaktik wird. Dieser Ausgleich kommt überdies in einer Literatur, in der die analytische Methode die Imagination immer im Gleichgewicht und am Zügel hielt. Dickens wie auch Tolstoj sind mühelos lebendig und lebenswahr geblieben. Doch Stendhal, Balzac und Proust betonen viel stärker als diese beiden das Risiko, das entsteht, wenn Theorien in einen Roman eingebracht werden, wo sie einen ebenso schlechten Eindruck machen wie Pistolenschüsse in einem Salon oder das Preisschild auf einem Geschenk; weil sie an sich selber die Schwierigkeit erlebt haben, Theorien beiseite zu lassen.

Schließlich ist diese reine Erfindung bei Simenon nicht anstrengende Arbeit, sondern beinahe spielerisch, von fast lächerlicher Leichtigkeit. Es wird immer gesagt, als Dichter wird man geboren, aber Romancier wird man. In seinem Fall trifft das nicht mehr zu. Simenon ist der erste und vielleicht einzige geborene Romancier in der Literatur.

Und doch ist diese Rückwendung zum rein Romanhaften weit davon entfernt, in einem Rückzug auf die Tradition unterzugehen. Simenon greift auf sie nur zurück, um die Voraussetzungen seiner Kunst zu definieren: wenn es die Aufgabe des Künstlers allgemein ist, noch wirklicher als die Natur zu schaffen, ist Eigenschaft des Romans, lebendiger als das Leben zu sein. Aber das Erstaunliche ist, daß er bei dieser Absicht die beiden einander entgegengesetzten Wege zugleich einschlagen kann, die das letzte Jahrhundert erfand, um ein Werk lebendig zu gestalten, und indem es ihm gelingt, beide zu vereinigen, realisiert er die Synthese von Roman und Erzählung. Ihr Unterschied ist bekannt. Der Erzähler überfliegt die Geschichte, die der Romancier nach und nach erforscht und entdeckt. Der eine interessiert sich für das Geschehen, der andere für die Person. Oder, wenn man will, der eine für das Leben, der andere: leben. Ein äußerlicher Unterschied, der zwei unterschiedlichen Orientierungen entspricht. Nicht daß der Erzähler die Personen verachten würde, doch bewundert er in einer Geschichte den undurchsichtigen, nicht vorhersehbaren, unzugänglichen und rätselhaften Charakter der Menschen: daher kommt die Kürze, die er in seiner Erzählung anstrebt, die Distanz, die er zu den berichteten Ereignissen halten muß, auch wenn diese Ereignisse tragisch sind, kurz, eine Art amüsierter Gleichgültigkeit. Der Romancier identifiziert sich mit seinen Helden, leidet und sucht mit ihnen, neigt dazu, die Erzählung unendlich hinauszuzögern. Er gibt uns den Eindruck von Freiheit, während uns der Erzähler ein Gefühl von Schicksal vermittelt. Bei Simenon bewahrt das Geschehen seinen geschlossenen Charakter, doch wird jeder kleinste Winkel der Geschichte ausgeleuchtet und von dem Empfindungsvermögen der Person belebt und erlebt. Das Unglaubliche an diesen kurzen und gedrängten Erzählungen ist, wie sie in einem Minimum an Zeit ein Maximum an Dauer erreichen. Sie haben gleichzeitig die unerbittliche Vorwärtsbewegung und die Regungslosigkeit großer Romane.

Diese einzigartige, so seltene und wirkungsvolle Verbindung erlaubt es, die Grenzen zu ziehen, in denen sich der Romancier bewegt. Erstens seine Bescheidenheit: denn er verbietet sich, über das Leben hinauszugehen, beispielsweise Leben durch Reflexion zu ersetzen. Er will die Wirklichkeit nicht übersetzen, sondern ausdrücken. Aber auch seinen Ehrgeiz: denn es geht darum, so viel wie möglich auszudrücken, immer tiefere Bereiche und Aspekte der Menschheit mit Leben zu erfüllen. Und eigenartigerweise erreicht und spiegelt der Schriftsteller hier in seinem Bemühen die Unruhe seiner Personen: die meisten wollen wie er auch so lebendig wie möglich sein. Es ist dieses Bangen vor einem größeren, reicheren, volleren Leben, das sie, egal wie alt, erregt, weshalb sie oft das Gefühl haben, sie müßten sich unter's Volk mischen, in ferne Länder fliehen oder sich einfach mit halbgeschlossenen Augen von den tausendfachen Geräuschen der Welt gefangennehmen lassen. Ihr schmerzhaftes Bedürfnis nach Kommunikation, nach Vermittlung, das sozusagen den anderen Pol ihres moralischen Lebens bildet, entspricht auch dem Wunsch des Romanciers, der immer für möglichst viele zugänglich sein wollte. So daß sich also die Bedeutung und der Gehalt seines Werkes entwickelt und wächst, je gekonnter erzählt wird. Proust sieht das Anzeichen für die Wahrheit seines Gedankens daran, wieviel Freude er ihm macht – Simenon daran, wieviel Leben er ihm verleihen kann.

Daraus ergibt sich ein zweites Charakteristikum von diesem *œuvre*, das dem ersten zu widersprechen scheint: Das Werk wiederholt sich wie alle großen Werke, und wie alle großen Werke ist es unendlich abwechslungsreich: durch alle Variationen und Wiederholungen rückt es unmerklich weiter. Simenon repräsentiert und verkörpert für sich allein die Schule früherer Romanciers, für die der Roman nicht mehr als ein Roman sein will; gleichzeitig gehört er in die erste Reihe derer, für die der Roman viel mehr ist als ein Roman: nämlich ein Mittel zur Selbsterkenntnis und beinahe die Antwort auf sein persönliches Geschick. Deshalb scheint für den Leser der letzte Roman, den er gelesen hat, oft auch der beste zu sein. Mit ihm hat er unwissentlich alle andern wiedergelesen, und jedesmal ist er ein bißchen weitergekommen.

Deutsch von Renate Nickel

Robert Kanters
Simenon – der Anti-Balzac

1963

»Ich schreibe im Licht der beiden ewig gültigen Wahrheiten, der Religion, der Monarchie ...« steht über der *Menschlichen Komödie**. Keiner wurde seit einem Vierteljahrhundert öfter mit Balzac verglichen als Simenon, keiner verdient es mehr durch die Fülle und Vielfalt seines Schaffens als auch durch die Intensität dieses Werks, wegen dieser echt demiurgischen Fähigkeit, die er mit Balzac und einigen wenigen anderen gemein hat, mit der er dem, was er sich ausdenkt, eine Kraft, eine Aktualität verleiht, der gegenüber die Realität selber ihre Berechtigung verliert. Doch was sind das für Lichter, für ewig gültige Wahrheiten, die dieses Werk beleuchten, oder was ist das für ein Dunkel, durch das seine Klage dringt? Es geht ausdrücklich nicht darum, ihm wegen seiner politischen oder religiösen Gesinnung den Prozeß zu machen. Noch weniger geht es darum, die Schöpferkraft und die Bedeutung eines Erfinders anzuzweifeln, der die sozialen Wohnungsbauer der romanschreibenden Gesellschaft wie Jules Romains weit hinter sich läßt und der genauso stolz sein könnte, in einem Jahr vierundzwanzig Romane zu schreiben, wie der tüchtige Montherlant darauf, in vierundzwanzig Jahren einen zu schreiben.

Aber vielleicht kann man ihn heute am besten verstehen, wenn man ihn Balzac gegenüberstellt: »Ich habe überhaupt nichts mit Balzac gemein ... Mein Werk steht

* Erschienen im Diogenes Verlag 1977 (detebe 130/I-XL).

in genauem Gegensatz zu Balzac«, sagte er selber einmal zu Roger Stéphane, der ihn aufgefordert hatte, im Fernsehen über den Verfasser der *Menschlichen Komödie* zu sprechen. Inwieweit stimmt das? Und warum ist beispielsweise sein letzter Roman, *Die Glocken von Bicêtre**, der alle Eigenschaften eines Balzac-Romans zu haben scheint, ein Roman von Simenon par excellence?

Ein Mensch erlangt das Bewußtsein wieder. Er sieht Ringe, die sich bewegen, er hört Glocken. Er ruft sich ins Gedächtnis, wer er ist und was mit ihm geschehen war. Er ist René Maugras, 54 Jahre alt, bedeutender Zeitungsverleger, einer der Mächtigen von Paris; er liegt auf dem Bett eines Privatzimmers im Krankenhaus von Bicêtre und kann sich weder bewegen noch sprechen: er erlitt eine plötzliche halbseitige Lähmung, als er sich auf der Toilette des Grand Véfour die Hose zuknöpfte. Es war bei einem dieser monatlichen Essen, zu dem er sich mit zwölf Freunden traf, berühmten Ärzten, berühmten Rechtsanwälten, Akademikern, Männer, die es wie er zu etwas gebracht hatten. Vor dem Hintergrund seiner Krankheit und der Krankenhausroutine, die einsetzt, überdenkt René Maugras, was er erlebt hat und fragt sich, wer er ist. In den ersten acht Tagen sind wir ständig an seiner Seite, danach beobachten wir ihn aus einiger Entfernung in dem Maße, in dem es ihm besser geht und ihn die Außenwelt wieder aus seinem grundsätzlichen Fragen reißt.

Schema und Thema sind ganz und gar klassisch. Mit diesen dreizehn Gästen des Grand Véfour erstellt Simenon-Balzac seine *Histoire des Treize* (Geschichte der Dreizehn), eine Schilderung jener Leute, die aus dem Hintergrund oder dem Halbdunkel heraus Meinungs- und

* Erschienen im Diogenes Verlag 1964 (detebe 62).

Gesellschaftsbereiche in Paris manipulieren. Dies kommt auch, zwar nur gelegentlich, in den *Glocken von Bicêtre* vor. Denn wie François Mauriac in seinem letzten Kommentar so bewunderswert bemerkt, ist nicht die Welt das Thema, sondern die Einsamkeit. Simenon-Simenon interessiert sich nicht für die Besitznahme der Welt, sondern für die Enteignung des Individuums.

Als René Maugras mit Hilfe von Erinnerungen und Besuchen Bilanz zu ziehen versucht, ist seine erste Empfindung eine beinahe totale Gleichgültigkeit. Der Platz, den wir ausfüllen, füllt uns nicht aus. Wenn wir die Dummen und Mittelmäßigen einmal ausklammern, suchen wir in der anstrengenden Arbeit und im Erfolg bei den Zeitungen, im Rundfunk und bald da, bald dort keine eitle Selbstbefriedigung, und noch weniger die finanzielle: die Arbeit dient uns als Ablenkung, als eine künstlich geschaffene Unmöglichkeit, über unsere Einsamkeit und Armseligkeit nachzudenken. René Maugras wird mit seinem Privatleben konfrontiert, mit der Erinnerung an seine vier Frauen, die er nacheinander geheiratet hatte, angefangen bei den ersten zu Hause in Fécamp, bis zu der Fernsehstatistin, die seine Frau und eine Frau von Welt wurde, die unglücklich ist und trinkt, eine frivole und bemitleidenswerte Galathea, für die er ein lächerlicher Pygmalion ist, der sich für viele andere Bettgenossen und Zufallsgeliebten hergibt. Wenn er auch nicht völlig versagt, hat er doch auch keinen Erfolg, obwohl er normal potent ist: die Frauen merken es, denn sie nennen ihn ›mein Kleiner‹ und behandeln ihn mit einer etwas herablassenden Zärtlichkeit. Was also bleibt ihm? Er, der seine Sprache verloren hat, merkt allmählich, daß er eigentlich nie sprechen konnte, daß er seiner Tochter (einer Krankenschwester, die er nur selten sah) und seinen Frauen meistens nichts zu sagen hatte. Was also bleibt ihm? Vielleicht zwei oder drei Minuten am Ufer der Loire, am Mittelmeer, wo ihn, ohne daß er wußte warum, ein Gefühl von erfülltem Leben überkam, für zwei oder drei Minuten, das ist alles.

Georges Simenon geht dabei vor, als ob er jemand entlaust oder jemand die Haut abzieht, wenn ich so sagen darf; er arbeitet – und darin ist er zu bewundern – mit ruhiger und erschreckender Meisterschaft. Darin liegt übrigens der Kern seiner Methode und seines Genies. Kommissar Maigret, unser Freund und Simenons Doppelgänger, arbeitet genauso: er spürt die Schuldigen nicht auf, er entlarvt sie, besser noch, er untersucht sie auf Herz und Nieren, und wenn das übrigens getan ist, hat er oft nur noch den Wunsch, sie für unschuldig zu erklären und nach Hause zu schicken. Allgemein gesagt, lösen sich im ganzen Werk Simenons Polizisten und Ärzte beständig ab, um ohne jede Brutalität, aber auch ohne jeden Hoffnungsschimmer zu beweisen, daß der Mensch nichts als Armseligkeit, Gemeinheit und jämmerliche Selbstbefriedigung ist. Das gilt für die kleinen Leute, die Schwachen, die Rang- und Namenlosen, die in vielen Szenen dieser Komödie eine wichtige Rolle spielen, aber das gilt auch, eine bittere Erkenntnis, für die angesehenen Geschäftsleute, die großen Politiker, die berühmten Rechtsanwälte und Ärzte, für die Großen im Journalismus wie Maugras.

Entscheidend ist der Augenblick, den der Dichter wählt oder provoziert, wo ihnen durch den Druck der Ereignisse die Augen aufgehen. Aber von da an wird auch, allen oberflächlichen Ähnlichkeiten zum Trotz, der tiefe Gegensatz zwischen Balzac und Simenon deutlich. Grob gesagt ist Balzac der Schriftsteller, bei dem der Mensch sich entwickelt, bei Simenon zerbricht er. Wie Roger Stéphane so treffend bemerkte, kommt bei Simenon nicht ein einziger Rastignac vor, der so seine hochfliegenden Pläne verwirklichen wollte. Simenons Hauptwerk hieße nicht: *Die verlorenen Illusionen*, sondern höchstens: *Die erworbenen Demütigungen*. Der junge Balzac schreibt eine *Abhandlung über das Gebet* und seinem Louis Lambert eine *Abhandlung über den Willen* zu: Simenon reagiert taub auf das Gebet, und alle seine Personen sind Helden des Nicht-Wollens. Daraus ließe sich sogar erklären, warum Simenon nicht die Methode Balzacs anwenden kann, der seine Personen wieder auftreten läßt, und warum sich sein Werk mit der Zeit zu wiederholen und zu vertiefen scheint, nicht aber sich entwickelt. Weil in jedem Roman eine Gestalt auseinandergenommen wird und am Ende nichts übrigbleibt, das sich wieder verwenden ließe.

Im Werk Balzacs steht die Architektur Modell, jedes Leben ist ein Stein, der seinen Platz in einem riesigen Bauwerk findet. Bei Simenon ist es das Meer, in dem sich jede Welle ungefähr an der gleichen Stelle bricht, wo sich seit Tausenden von Jahren schon Tausende von Wellen gebrochen haben.

Eine Welt der Wirkungslosigkeit und des Nicht-Wollens ist auch eine Welt ohne Liebe. In den Romanen Simenons kennt man die Liebe nicht, man macht sie. Mit beinahe besessener Hartnäckigkeit macht man wieder und wieder Liebe, und die Erotik des alternden Mannes wird in mehreren seiner letzten Werke bis hin zu den *Glocken von Bicêtre* beinahe zu einer fixen Idee. René Maugras und seine Freunde aus dem Grand Véfour machen Liebe, um sich mehr noch als ihre Männlichkeit ihr Da-sein zu beweisen: ich..., also bin ich. Aber Maugras merkt ganz deutlich, daß sich deshalb die Einsamkeit nicht ändert, denn unter diesen Bedingungen beweist die Handlung vielleicht, daß *ich bin*, nicht aber, daß der andere *ist*. Simenon, der wenig aus sich herausgeht, hat selber erzählt und ließ auch seine Frau erzählen, daß er ins Bordell geht, wenn er einen Roman beendet hat: sicher ein Hinweis darauf, daß eine vertrauliche Mitteilung dieser Art eher hygienischen Motiven als echtem Gefühl entspringt. Bei Maugras, wie beinahe überall in seinem Werk, wie bei ihm persönlich, sind Erotik und Liebe klar voneinander getrennt (vielleicht erklärt dies seine Freundschaft mit André Gide, der *mutatis mutandis,* in der gleichen Situation war). Aber in der Liebe geht es wie in der Volkswirtschaft, schlechte Währung zerstört gute. Die mechanische Liebe macht die Liebe aus Leidenschaft vergessen. Es ist ein großer Unterschied zwischen Felix de Vandenesse, der sich auf dem Ball Mme. de Mortsauf, die er noch gar nicht kennt, an den Hals wirft, in einer »ersten körperlichen Äußerung des großen Fiebers im Herzen«, und der Geste von Maugras, mit der er an den Busen seiner Krankenschwester greift.

So ist es nur natürlich, daß der Himmel über dieser Welt ohne Willen und ohne Liebe leer oder beinahe leer ist. Nach einem religiösen Zug darf man nicht suchen in den paar Erinnerungen Maugras' an den Katechismus, auch nicht in dem Gefühl einer Leere, die förmlich nach etwas Gegenwärtigem ruft. Dieser Zug ist in den zwei oder drei kurzen Augenblicken des unmittelbaren Begreifens zu suchen, in einer beinahe pantheistischen Verbindung mit dem Leben, die Maugras so in Erinnerung blieben, wie man zwei oder drei übriggebliebene kleine Goldmünzen in der Hand betrachtet. Das Kind Ramakrischna geriet in Verzückung, als es einen Vogelzug am Himmel fliegen sieht. Die Enteignung der menschlichen Existenz ist sicher nicht, wie manchmal angenommen wurde, Simenons letztes Wort: dem Menschen in seiner Dürftigkeit und Erniedrigung weist der Existentialismus, vielleicht als ein Überbleibsel des weltlichen Moralismus der französischen Universität, noch Aufgaben gegenseitiger Verpflichtung und des Zusammenlebens zu. Der Mensch bei Simenon ist, wie wir gerade gesehen haben, ein Mensch, der nichts wollen und nichts lieben kann; doch ganz tief in seiner Entblößung kann er wie eine Heimsuchung, ohne sein Wollen und sein Verdienst, einen lichten Augenblick erleben. Maugras entdeckt, daß die alten kleinen Leute in Bicêtre leben, während er glaubte, sie hätten kaum das vegetative Stadium hinter sich, und er entdeckt, daß ihm in seinem eigenen Leben nichts gehört, nichts zählt. Simenon sagte zu Stéphane: »Ich bin nicht sicher, ob es nicht eine meiner Wunschvorstellungen ist, unter den Brücken zu sterben, wie ein Clochard zu leben.« Im Schloßherrn von Echandens schlummert etwas von einem asketischen Hindu.

»Ich schreibe in einer Welt, in die das Licht der Wahrheiten, die man für ewig gültig hält, nicht mehr gelangt...« könnte Simenon sagen, deshalb ist er der Anti-Balzac, ohne daß wir für einen von beiden Partei ergreifen müssen. Nicht sein Werk ist böse, wir sind es. Es ist kein schönes Buch, so wie es ein spannendes Buch ist, sondern es ist wie unser Lebensgefühl. Und wenn wir der Hoffnung das letzte Wort lassen, sagen wir, daß er *Die Glocken von Bicêtre* wahrscheinlich auf Grund einer persönlichen Erfahrung schrieb. Um 1941 kündigte ihm ein Röntgenarzt in Fontenay-le-Comte an, er habe höchstens noch zwei Jahre zu leben. Und Georges Simenon kaufte drei gebundene Hefte mit marmoriertem Pappeinband und fing an, für sich zu erzählen, für seinen Sohn, für uns ...

Deutsch von Renate Nickel

François Mauriac
Die Glocken von Bicêtre

1963

Der letzte Simenon, *Die Glocken von Bicêtre** (der nicht zur gängigen Simenon-Kost gehört), ist die Geschichte eines bedeutenden Zeitungsdirektors, einer der Mächtigen von Paris, der einen Schlaganfall erlitt und nach Bicêtre transportiert wurde. Das plötzliche Desinteresse im eigentlichen Sinne an allem, was diesem Mann gestern noch etwas bedeutete, ist das Thema dieses Buches. Simenon erreicht hier eine Aufrichtigkeit, wie sie noch keinem Schriftsteller vor ihm in diesem grellen, beinahe unerträglichen Licht gelungen ist. Ich habe es oft untersucht: es sind nicht die christlichen Predigten, die uns von der Nichtigkeit der Welt überzeugt haben. Die Jugend hört nicht auf Leute, die allen Freuden entsagt haben ...

Jung und fromm wie ich war, durchschaute ich nur undeutlich die Anmaßung im Filigran der Predigten über den Tod. *Die Glocken von Bicêtre* des Agnostikers Simenon haben eine ganz andere Reichweite. Um so mehr, als er uns kein metaphysisches Gegenstück bietet. Ein Schlaganfall lähmt eine Seite des Körpers, bindet Ihnen die Zunge und macht Sie, während das Gehirn intakt bleibt, zu einem bewegungsunfähigen Objekt der Beobachtung und der Experimente in den Händen der Ärzte und Krankenschwestern; das ist genug: Menschen und Dinge eines glanzvollen und stolzen Lebens sind zu einem Nichts zusammengeschrumpft. Die Routine im Ablauf eines

---

* Erschienen im Diogenes Verlag 1964 (detebe 62).

Krankenhaustages ist der feste Boden, auf dem sich die andere Welt wie jene Nichtigkeit ausmacht, die die Prediger in meiner Kindheit beschrieben, ohne mich davon überzeugen zu können. Simenon predigte besser.

Die Wirkung dieser Krankheit, die er beschreibt, läßt den Abstand ahnen, den das Alter zwischen uns und dem Leben herstellt. In einem wesentlichen Punkt trifft es sich mit der Krankheit: in der Nähe zum Tod, bei dem es nutzlos ist, ihm nicht ins Angesicht zu schauen; es nützt auch nichts, nie über ihn zu sprechen, nicht einmal, nie an ihn zu denken. Es genügt, daß es ihn gibt, daß wir uns in seiner Reichweite wissen, damit die Welt sich von dieser Nichtigkeit getroffen fühlt, von der im letzten Buch von Simenon die Rede ist.

Wie kann die christliche Hoffnung in dieser Leere, die der Autor vor uns erforscht, nicht die Segel setzen? Wenn es nicht in einem Augenblick der Geschichte dieses Wort, diese LIEBE gegeben hätte . . .

Deutsch von Renate Nickel

Jean Améry
Das fleißige Leben des Georges Simenon
Diesseits und jenseits von Kommissar Maigret

1966

Das Phänomen Simenon – ein heute vielleicht einzigartiges Erzählertalent, verbunden mit einer nicht weniger beispiellosen Arbeitskapazität – wird in dem Menschen und Gesprächspartner Simenon nicht sichtbar.

Der Zweiundsechzigjährige, der in seiner Erscheinung nur durch die Pfeife an Maigret erinnert, ist ein mittelgroßer Herr mit leicht ergrauendem Haar, etwas rundem Rücken und dem durch Hornbrille und hohe Stirn vage ›intellektualisierten‹ Gesicht eines mit seinen Umsatzsummen zufriedenen großen Geschäftsmannes oder eines durch rechtsphilosophische Probleme nicht weiter belasteten Anwalts. Er ist von jener Bescheidenheit, die ein Schriftsteller sich erst erlauben kann, wenn er sehr viel Geld oder einen sehr großen Namen hat – oder beides.

Dabei versteht Simenon es ausgezeichnet, bei Interviews die Zügel des Gesprächs selbst in die Hand zu nehmen, unangenehmen Fragen auszuweichen, Ansätze zur Reporter-Indiskretion im Keime zu ersticken. Er spricht das Englisch eines Franzosen und das Französisch eines belgischen Wallonen. Was er sagt, erweckt allemal den Eindruck der gleichen Aufrichtigkeit, der auch von seinen Büchern ausgeht: sie sind, wie er selbst mit Befriedigung feststellt, in einem »nackten Stil« geschrieben, und an ihnen ist, wie einst Alfred Polgar es von Hemingway gesagt hat, »kein Gramm Literaturfett«.

Georges Simenon, Hausherr eines prächtigen, modernen

Wohnsitzes in Lausanne, ist beschattet wie die gejagten Verbrecher seiner Romane, allerdings nicht von einem vierschrötigen, pfeifestopfenden, kleinbürgerlich gekleideten Kommissar Maigret, sondern von einer zierlichen, eleganten Dame mit hochgestecktem, glänzend schwarzem Haar und aufmerksamen Augen: seiner Gattin Denise, die zugleich sein Kritiker, Impresario, Korrekturleser, Sekretär ist. Sie nennt ihn »Jo«. Sie wacht über ihn, ob sie gerade darauf achtet, daß die Ventilation richtig für ihn eingestellt ist, oder ob sie ungebetene Besucher von ihm fernhält. Diese mögen so prominent sein wie nur möglich und müssen dennoch unter Umständen vor dem Gebot der Madame Denise weichen. Einmal rief Alfred Hitchcock an und wurde abgewiesen. »Mein Mann hat keine Zeit, er schreibt eben ein Buch«, sagte die Gattin. Worauf es Hitchcock mit dem Scherz versuchte, daß er unter diesen Umständen eben am Telefon warten werde, bis der Meister fertig sei. Der Witz verfing nicht. Simenons Gemahlin ist sich klar darüber, daß ihrem Schutz ungeheure Werte anvertraut sind.

Sprechen wir vom Materiellen? Gewiß nicht *nur* davon! Georges Simenons Vermögen ist für den Außenstehenden so schwer abschätzbar wie die Auflagenziffern seiner Bücher. Er selbst weiß nicht genau, wie groß die Zahl der Romane ist, die er geschrieben hat. Man schätzt sie zwischen 400 und 450, worin allerdings die ungezählten nicht wieder aufgelegten Bücher inbegriffen sind, die er in seiner Jugend in Paris verfaßte: Liebesromane, Knabenerzählungen *(Die Piraten des Stillen Ozeans)*, Jungmädchengeschichten, Abenteuer-Storys. Er schrieb damals unter sechzehn verschiedenen Pseudonymen, und sein Verleger brachte bisweilen drei seiner Titel im Monat heraus. Simenon ist seit 1940 ein auch nach internationalen Begriffen sehr reicher Mann. Schon 1930 wurden die ersten Romane seiner Maigret-Serie in achtzehn Sprachen übersetzt. Rund fünfzig seiner Bücher wurden in England, Frankreich, Amerika verfilmt. Es verstreicht kein Tag, ohne daß irgendwo in der Welt die Fernseh-Version irgendeiner seiner Geschichten über die Bildschirme ginge.

Das sagt etwas aus über Geschick, aber noch nichts über Qualität. Was diese angeht, muß vermerkt werden, daß Georges Simenon, Mitglied der ›Académie Royale de Langue et Litérature Française‹ seiner belgischen Heimat, ein Autor ist, dem als einzigem Kriminalromanverfasser der Welt kein Einsichtiger das im engeren und strengeren Sinne literarische Können abspricht. Als vor zwei Jahren in Frankreich sein Roman *Die Glocken von Bicêtre** erschien, die Geschichte vom Sterben eines reichen Mannes, stellten die ernsthaftesten Kritiker dieses Werk eines Vollbluterzählers den konstruierten, experimentellen Produkten der Richtung »*Nouveau Roman*« gegenüber. Der deutsche Lyriker und Kritiker Helmut Heißenbüttel hat einmal von Simenons Maigret gesagt: ». . . stärker als im früheren Typus des Kriminalromans tritt hier die leidende Verbundenheit des Entdeckers (Maigret) mit seinem Opfer zutage«. Damit ist vielleicht wirklich in einem kurzen Satz ausgesprochen, was Simenon von seinen Kollegen, mögen sie nun Agatha Christie heißen, Dorothy Sayers, Ellery Queen oder Raymond Chandler, radikal trennt: diese spielen mit *Figuren* und lassen im besten Fall den Leser Denksport treiben: er gestaltet *Menschen* und zwingt sowohl seinen Detektiv als auch den Leser zur Anteilnahme an ihnen.

Georges Simenon ist kein Kriminalromanverfasser, son-

---

* Erschienen im Diogenes Verlag 1964 (detebe 62).

dern ein Schriftsteller, der Kriminalromane schreibt. Die Handlung, das *plot*, ist in den besten seiner Bücher gar nicht das Entscheidende. Was den Leser an ihnen fesselt, ist, so scheint uns, in erster Linie das menschliche Ereignis, in zweiter die Dichte einer bestimmten Atmosphäre und erst in dritter die methodische Aufdeckung eines Verbrechens.

Simenon, der jahrelang in den Vereinigten Staaten lebte, eine Ranch im Staate Connecticut besaß und sich seinerzeit gerne im Schmuck eines Cowboyhutes aufnehmen ließ, wurde einmal gefragt, welche eigentlich seine Staatsangehörigkeit sei, worauf er die Antwort gab: »Die belgische, aber ich halte nicht viel von Nationalitäten.«

Der 1903 in der wallonischen Metropole Lüttich geborene Georges Simenon mag von nationaler Herkunft halten wie viel und wie wenig er will: Tatsache ist, daß seine besten Bücher ausgeprägt *belgischen* Charakter tragen und im Grunde nur aus der belgischen Welt heraus verstanden werden können. Sie sind geprägt vom schwarzen Kohlenrevier Lüttichs und Charlerois, vom Antwerpenschen Hafen mit seinen Dirnen, Levantinern und Matrosen, von den flämischen Bauernhäusern mit ihren blankgescheuerten Kaffeekannen, von den Herbergen der Tabakschmuggler in den Dünen von Dünkirchen. Simenon mag in Cannes der Nachbar des alten Aga Khan gewesen sein und heute in der Schweiz Charlie Chaplin als seinem Pair begegnen: in ihm bleibt unauslöschlich die dürftige Rue Puits-en-Sock in Liège, in der alles begann.

Der Vater, ein Versicherungsbeamter, starb früh, und der Knabe Georges Simenon mußte ans Verdienen denken. Sein erster Berufswunsch, Priester zu werden, war schon aus wirtschaftlichen Gründen unerfüllbar. Die Mutter, die er sehr geliebt hat, dachte daran, aus ihm einen Bäcker zu machen, was nicht nach seinem Geschmack war. So arbeitete er zunächst als Buchhaltungsgehilfe und trat bald darauf, ein siebzehnjähriger, anstelliger und hübscher Junge, als Lokalreporter in die altehrwürdige *Gazette de Liège* ein. Mag sein, daß er in den düsteren Schreibstuben der *Police Judiciaire* von Lüttich Geschmack fand am Kriminalrätsel und dem allemal sich dahinter verbergenden menschlichen Mysterium. Jedenfalls schrieb er als Lokalreporter der *Gazette* seine ersten Berichte und verfaßte in diesen frühen Tagen auch seinen ersten Roman, *Au Pont des Arches.*

Es litt ihn nicht lange bei dieser Arbeit, und er ging in die geistige Vaterstadt aller französischsprechenden Belgier, die nicht Brüssel heißt, sondern Paris. Dort versuchte er sich zunächst als Sekretär, erst eines bekannten Schriftstellers, dann eines politisierenden Aristokraten, bis er das schwierige Leben eines freien Schriftstellers auf sich nahm. Da er bereits mit zwanzig Jahren in Paris seine erste (1950 geschiedene) Ehe einging, mußte er sehr hart arbeiten, um seinen Lebensunterhalt zu verdienen. Seine phänomenale Arbeitskraft bewährte sich damals zum ersten Mal: Er schrieb die schon erwähnten anspruchslosen Unterhaltungsbücher, und brachte es fertig, zeitweilig jeden vierten Tag einen Roman abzuliefern: seine Rekordleistung war ein in vierundzwanzig Stunden fast ununterbrochener Arbeit verfaßtes Buch von zweihundert Seiten.

»Ich besitze viele dieser Bücher von damals noch, aber ich möchte sie nicht in meine gesammelten Werke aufgenommen haben«, sagt er heute über die Früchte dieser Zeit. Er war nichts als ein Schreibhandwerker, aber er bemühte sich gleichwohl um sauberes Handwerk – und er folgte dem Rat der Colette, die ihm damals sagte: »Seien Sie einfach. Zielen Sie nie auf einen billigen Effekt hin. Streichen Sie jedes überflüssige Wort, jede überflüssige Silbe.« Tatsächlich sind seine Bücher äußerst arm an Adjektiven, was zu einem Teil ihren mitreißenden, rapiden Rhythmus ausmacht. Simenon erzählt, aber er beschreibt nicht. Die Außenwelt wird stets in ganz wenigen, vereinfachenden und großzügigen Strichen gezeichnet. Die Innenwelt der Menschen wird nicht psychologisierend erläutert, sondern erscheint in der Aktion.

Mit sechsundzwanzig Jahren begann er mit seiner Maigret-Serie, die alsbald seinem Namen weltweiten Klang geben sollte. Maigret war die großartige Schöpfung eines echten Romanciers. Der Kommissar, den wir heute alle mit der stämmigen Gestalt und der rauhen Stimme von Jean Gabin assoziieren, als Fernsehende mit Rupert Davies, war kein romantisch-morphiumsüchtiges Genie wie Sherlock Holmes, kein skurriler Kauz wie der Hercule Poirot der Agatha Christie, er war kein smarter Schlägertyp und Freizeit-Don-Juan wie der unerträgliche James Bond. Maigret war ein einfacher Beamter am Quai des Orfèvres, mit einer besorgten Ehefrau daheim und den abgetragenen Kleidern eines mittelmäßig bezahlten Staatsangestellten. Maigret war einer jener Typen, wie Simenon sie einst in Lüttich gesehen haben mag: ein geschickter und kluger Kriminalbeamter, kein *Superman*. Maigret eroberte die Welt: erst Frankreich und Belgien, dann die englischsprechenden Länder, nach dem Kriege auch Deutschland, wo 1963 der Auslieferungskatalog des Buchhandels nicht weniger als siebzig Simenon-Titel aufführte, darunter einige der Meisterwerke, wie *Maigret bei den Flamen, Der Passagier vom 1. November, Der Schnee war schmutzig, Die Ehe der Bébé Donge, Die Glocken von Bicêtre.*

Als Simenon 1945 mit seiner ersten Frau nach Amerika ging, war er bereits ein reicher Mann, der eine Jacht und eine Villa in Cannes besaß.

In den USA waren damals bei weitem noch nicht alle seine Bücher übersetzt, aber einige von ihnen, namentlich *Der Mann, der die Züge vorbeifahren sah* (mit Claude Rains in der Rolle des zugbesessenen pathologischen Mörders verfilmt) waren so starke Erfolge, daß sie den besten amerikanischen Kriminalromanen ernsthafte Konkurrenz machten. In wenigen Jahren wurde Simenon drüben, nicht zuletzt dank des Fernsehens, das viele seiner Bücher in TV-Versionen herausbrachte, so populär wie Agatha Christie, Dorothy Sayers, Ellery Queen, Chester Himes, Raymond Chandler. Er hätte das Schreiben und vor allem das *Vielschreiben* schon von 1948 an aufgeben können und wäre trotzdem, einfach durch die selbsttätige Vermehrung seines Vermögens, immer reicher geworden. Er setzte sich keineswegs zur Ruhe, wenn er auch fürderhin nur noch vier oder fünf Bücher von je 200–250 Seiten im Jahr verfaßte.

Rainer Maria Rilke hat einmal gegenüber einem jungen Autor, mit dem er korrespondierte, den ziemlich exorbitanten Anspruch erhoben: »Fragen Sie sich, ob Sie sterben müßten, wenn es Ihnen versagt wäre zu schreiben...« Wir sind nicht sicher, wie viele ›literarische‹, ›seriöse‹ Schriftsteller zugrunde gingen, wenn man ihnen von heute auf morgen ihr Schaffen verböte, aber bei Simenon ist es uns wahrscheinlich.

Er arbeitet mit einer außerordentlichen Regelmäßigkeit, jeden Morgen von sechs bis halb zehn, dann, nach einem zweistündigen Spaziergang, dem Mittagessen und einer kurzen Siesta, von vier bis sieben Uhr abends. Was er selbst im Laufe der Jahre in verschiedenen Interviews über seine Arbeitsweise gesagt hat, würde jedem um höheren literarischen Lorbeer ringenden Romancier zur Ehre gereichen. Er gibt zu, daß er vor Beginn jeder neuen Arbeit das typische »Schreibtischfieber« hat. Stets hat er Angst, daß das Wunder der literarischen Schöpfung sich eines Tages nicht wiederholen würde: »Denn was ist schließlich ein Roman? Ein Versuch, Leben zu schaffen aus nichts.«

Vor Beginn eines jeden neuen Buches braucht er eine Woche vollkommener Ruhe, in der er den Alltag von sich abschüttelt, beziehungsweise ihn freundlich auf die schmalen Schultern seiner Frau Denise abwälzt. In dieser Woche nehmen auch die Hauptpersonen seiner Bücher ihre Gestalt an, verdichten sich, gewinnen Leben, wobei es freilich auch manchmal geschieht, daß er sie aus unerklärlichen Gründen wieder verliert. Besitzt er aber einmal seine Menschen, ›riecht‹ er die Atmosphäre, die er dem neuen Werk zu geben wünscht, dann geht es mit dem Schreiben sehr schnell, dann wirkt sich die in mehr als vierzig Jahren erworbene ungeheure Routine aus und – glücklicherweise – immer noch das alte Talent für die Knüpfung der Handlung und den in seinen Büchern stets außerordentlich wichtigen Dialog.

Simenon geht nicht in den Maigret-Bänden auf, wie literarisch geschickt und dicht diese ihrerseits auch geschrieben sein mögen. Um ihn wirklich kennenzulernen, muß man jene Romane aufschlagen, die er selbst als seine »echten« bezeichnet (»Ich schreibe jetzt etwa fünf Bücher jährlich, zwei Maigrets und drei echte Romane.«). Liest man sie aufmerksam, dann wird man bald bemerken, daß

Simenon, wie der französische Kritiker Pierre-Henri Simon so treffend bemerkt hat, ein Romancier des Tragischen ist. Man denke an *Die Glocken von Bicêtre, Bébé Donge, Das Fenster der Rouets.* Er gestaltet Menschen, die besessen sind von der Unausweichlichkeit eines Schicksals. Jeder seiner Romane (einschließlich einer ganzen Anzahl von Maigrets) ist die Analyse einer Besessenheit, die Entfremdung eines Menschen von der Gesellschaft durch ein in ihm beschlossenes Schicksal. Insofern hat er auch in seinen Kriminalromanen die Struktur dieser Gattung völlig revolutioniert: Bei Simenon-Maigret ist die Aufdeckung eines Verbrechens stets nur die äußere Form des Handlungsablaufs, der eigentliche Inhalt ist die Erklärung der Verbrechensmotive und damit eine gewisse Exkulpierung des Täters. Im Gegensatz zu anderen Verfassern von Kriminalromanen finden wir Simenon öfter auf der Seite des Mitleids als im Lager der rächenden Justiz.

So steht denn der Fall Simenon ziemlich einmalig da in der modernen Literatur. Er ist sich selbst dieser Einzigartigkeit bewußt, aber das enthebt ihn nicht der Selbstzweifel, die ihn plagen wie jeden ehrlichen Schriftsteller. »Über den Wert meiner Bücher kann ich nichts aussagen«, hat er einmal erklärt, »an einem Tag denke ich mir, sie haben überhaupt keinen Wert und werden nach meinem Tod untergehen; am anderen Tag jedoch: die Nachwelt wird richten.«

Alfred Andersch
Simenon und das Klassenziel

1966

Was tut ein Buch, das uns informiert, und zwar informiert über ein Gebiet, von dem wir nichts oder nur wenig wissen? Es schließt bekanntlich eine Lücke. Was tun zwei Bücher, die zu gleicher Zeit das gleiche Gebiet behandeln? Sie schließen die Lücke doppelt, und da doppelt genäht besser hält, haben wir dankbar zu sein.

Die Koinzidenz ereignete sich, als uns beinahe gleichzeitig der Luchterhand Verlag Maurice Nadeaus Darstellung des französischen Romans seit dem Kriege und der Walter-Verlag eine von Bernard Pingaud herausgegebene Porträt-Sammlung französischer Schriftsteller der Gegenwart offerierten. Nadeau, Herausgeber der *Lettres Nouvelles*, orientiert uns elegant und souverän, wenn auch ein bißchen kursorisch; Pingaud, jünger, Schüler Nadeaus, überläßt die Mühe des Porträtierens 47 Kritikern, die 47 Schriftsteller zeichnen, ein beliebtes Muster heute, wenn man schnell zu einem Buch kommen will. Nadeau informiert, Pingaud gibt Informationen, so ergänzt sich manches, brauchbar sind beide Bücher, und notwendig waren sie, weil wir Zusammenfassendes über die literarischen Vorgänge in Frankreich während der letzten Jahre nicht mehr hatten. Zwar hatten wir die Vorgänge selbst, es ist ja brav übersetzt worden, aber man möchte eben doch wissen, wie dieses mit jenem zusammenhängt oder auseinanderfällt.

Oder ist vielleicht die kritische Anthologie Pingauds doch unbrauchbar, wenn man bedenkt, daß in ihr Schriftsteller wie Aragon, Ponge, Queneau, Montherlant, Giono, Mauriac und Julien Green fehlen und von den Jüngeren Colette Audry, Jean Cau, Dominique Rolin, Paul-André Lesort, Boris Vian, Jean Reverzy, Pierre Klossowski, um nur ein paar zu nennen? Nun gut, man kann ja auch irgendwelche Auskünfte brauchen. Begnügen wir uns damit, daß Pingaud uns ein paar Auskünfte über Autoren zuteil werden läßt, die er für wichtig hält. Ich habe ja nicht vor, diese beiden Bücher zu rezensieren.

Warum ich überhaupt auf sie zu sprechen komme? Es ist mir aufgefallen, daß in allen beiden der berühmteste, der meistgelesene Romancier unserer Zeit fehlt, ein Mann, der von Gide, Hemingway und vielen anderen, nicht gerade flachen Köpfen als literarische Erscheinung sui generis angesehen wurde und der auch wirklich ein Wunder an Produktivität und Können ist.

Ich spreche von Georges Simenon.

Man steht da vor einem Rätsel. Lassen wir Pingaud beiseite, er ist vielleicht ein junger Dogmatiker – immerhin ist er auch schon über vierzig –, sieht vielleicht wirklich nicht über den Begriff der Literatur hinaus, der ihm auf der Ecole Normale Supérieure beigebracht wurde. Aber Nadeau, der große Nadeau, ein Kritiker voller Geist, ohne die geringsten Scheuklappen, ein mit allen Wassern gewaschener und mit den feinsten Essenzen gesalbter Homme de lettres, dem das Problem Simenon, das nun seit Jahrzehnten in der französischen Literatur, und nicht nur in ihr, herumgeistert, unbedingt bekannt sein muß – warum erwähnt selbst er Simenon mit keinem Wort?

Es ist ein Rätsel, und ich löse es nicht.

Mindestens die folgenden Bücher Simenons sind Meisterwerke: *Das Begräbnis des Herrn Bouvet* – *Die Zeugen* – *Die Brüder Rico* – *Der Passagier vom 1. Novem-*

ber – Der kleine Mann aus Archangelsk – Brief an meinen Richter* – Der Mann mit dem kleinen Hund* – Maigret in Holland – Die Glocken von Bicêtre*. Simenon-Freunde von überallher werden mir ins Wort fallen. *Die Großmutter**, werden sie rufen, oder *Die Ehe der Bébé Donge*, oder *Sonntag**. Genug! Hätte Simenon nichts geschrieben als den *Mann mit dem kleinen Hund*, er hätte das Seine getan.

Doch wie er sich auch anstrengen mag, er kommt nicht in die Literaturgeschichte. Da legt er Jahr für Jahr ein paar neue Modelle feinster psychologischer Schilderung, unheimlicher Seelenkenntnis und dichtester Zeichnung von Umwelt und Epoche hin, in einer Sprache ohne Sentimentalität, wenn auch von großer Humanität, in einem hämmernden, schmucklosen, von knisternder Spannung erfüllten Stil, an dem er viele Jahre seines Lebens bis zur Vollendung gearbeitet hat – es nützt ihm nichts. Da lesen ihn die Hausfrauen und die experimentellen Lyriker – o ja, ich kenne Texte-Verfasser von höchster Esoterik, die, wenn sie einmal ein Buch lesen wollen, ein richtiges Buch, Simenon lesen, und nichts als Simenon, jede Zeile von ihm –, es lesen ihn die Stenotypistinnen und die Mythenforscher, die Automechaniker und die Atomphysiker, aber die Kritik rührt das nicht. Sie spricht von Trivialliteratur.

Dafür hat die Sagan das Klassenziel erreicht. Ihr, die ein paar dünne Gefühlchen und ein paar manierierte Situationen mit einer literarisch aussehenden Sauce anrichten kann, widmen Nadeau und Pingaud eigene Kapitel. Die Sagan ist Literatur, Simenon nicht.

Es ist ein Rätsel. Es gibt einem den Verdacht ein, unser ganzes Konzept von Literatur könne falsch sein. Oder

---

* Alle Bände erschienen im Diogenes Verlag; alle übrigen genannten sind in Vorbereitung.

mindestens unser Begriff von der Trivialliteratur. Im Falle Simenon wäre er ohnehin falsch angewendet, denn Simenon ist kein trivialer Unterhaltungsschriftsteller, obwohl er glänzend unterhält.

In seinem nachgelassenen Buch *A Moveable Feast* erzählt Hemingway, wie Gertrude Stein ihn, nachdem sie ihm von Aldous Huxley und D. H. Lawrence abgeraten hatte, auf eine englische Kriminalschriftstellerin namens Marie Belloc Lowndes aufmerksam macht: »Ich hatte nie von ihr gehört, und Miss Stein lieh mir *The Lodger*, jene fabelhafte Geschichte von Jack the Ripper, und noch ein Buch über eine Mordtat in einem Ort außerhalb von Paris, der nur Enghien-les-Bains sein konnte. Beides waren großartige Bücher für die Zeit nach der Arbeit, die Charaktere glaubhaft und die Handlung und der Terror nie unecht. Sie waren ideal als Lektüre, nachdem man gearbeitet hatte, und ich las alles von Mrs. Belloc Lowndes, was es gab. Aber es gab nur gerade so viele und nicht mehr, und keins war so gut wie die beiden ersten; und ich fand für diese leere Tages- oder Nachtzeit niemals etwas gleich Gutes, bis die ersten wunderbaren Bücher von Simenon herauskamen.«

Ich weiß, ein Urteil von Hemingway ist heute keine Karte mehr, die sticht. Hemingway ist passé. Mir ist übrigens kürzlich eingefallen, wie ich reich werden könnte: ich werde mit allen Leuten, die Hemingway für passé erklären, hohe Wetten abschließen, daß es spätestens bis zum Jahre 1975 eine große Hemingway-Renaissance geben wird.

Nur Simenon wird es auch bis dahin noch nicht geschafft haben*. Es ist ein Rätsel, und ich löse es nicht.

* Vgl. aber die Neu-Edition des Simenon-Werkes im Diogenes Verlag seit 1977.

Hans Altenhein
Ein Traum von Maigret

1969

> *Wir meinen, daß der Detektivroman*
> *ein geheimnisvolles Genre ist.*
> *Boileau/Narcejac*

Lebt Maigret? Welche Frage. Der Kriminalroman hat
seine stereotypen Rollen. Viele Autoren haben ihre stereotypen Detektive. Wer fragt nach ihrer Biographie, wer
fragt, was sie außerhalb dieser Rolle sind. Lebt Philo
Vance, lebt Poirot, lebt Carella, lebt Marlowe? Figuren
außerhalb der Zeit, ohne Alter, ohne Entwicklung, von
Fall zu Fall, von Roman zu Roman immer wieder zur
Hand.

Maigret lebt. Er ist nicht nur der Direktor der Pariser
Kriminalpolizei, ein schwerer Mann in vorgerückten Jahren, Pfeifenraucher, zur Heiserkeit neigend, in seinem
Dienstzimmer im Pariser Justizpalast am Quai des Orfèvres, mit Blick auf die Seine, nebenan die Inspektoren, die
er patronisiert: Janvier, Lapointe, Lucas, Torrence. 1908
tritt er in die Pariser Polizei ein, nach einem abgebrochenen Studium der Medizin in Nantes, denn der Vater er-
krankte und starb. Er ist ein Mann, der einmal jung war.
1913, mit 26 Jahren, ist er Polizeisekretär im Quartier
Saint-Georges *(La première enquête de Maigret*)*. 1912
heiratet Jules Maigret. Ein Freund hatte ihn bei einer groß-
bürgerlichen Familie eingeführt, deren Mitglieder und

---

* *Maigrets erste Untersuchung*, erschienen 1978 bei Diogenes (detebe 155/1).

Freunde sich durchweg aus der Wasser- und Straßenbau-
verwaltung rekrutieren. Dort trifft er die Nichte Louise
aus dem Elsaß, sie wird Mme Maigret, das junge Paar
nimmt eine Wohnung am Boulevard Richard Lenoir, nahe
der Bastille, und wird von dort nicht mehr fortziehen,
solange es in Paris lebt. In späteren Jahren mietet man die
Nachbarwohnung hinzu, ein Sommerhaus in Meung-sur-
Loire wird als Alterssitz eingerichtet. Die neuere Weltge-
schichte wirft nur kurze Schatten auf diesen Lebenslauf –
da ist der Freund, der in der Résistance war *(Maigret
chez le ministre*)*, da gibt es Geschichten aus der Okku-
pationszeit *(La patience de Maigret)*. Mit 55 soll Maigret
pensioniert werden; in einem 1965 geschriebenen Roman
sind es nur noch zwei Jahre bis dahin, aber 1913 war er
schon 26, und in einem Band der Vorkriegsjahre *(Maigret,
1934)* ist er längst pensioniert und bestellt seinen Garten
in Meung-sur-Loire. Maigret hat eine Vergangenheit, aber
Maigret kann nicht sterben. Auch Conan Doyle mußte sich
korrigieren, als er Sherlock Holmes voreilig hatte sterben
lassen . . .

Maigret wird immer schwerer an Vergangenheit werden. Ein Geruch von neunzehntem Jahrhundert umgibt
ihn. Nur zögernd bedient er sich der »kleinen schwarzen Autos« der Kriminalpolizei, niemals fährt er selbst,
sein Fernsehgerät zu Hause geniert ihn, die kleinen
Restaurants mit ländlicher Küche, das Kino um die
Ecke, die alten Quartiere von Paris sind seine wirkliche
Welt. Maigret liebt das Bukett der »kleinen« Weiß-
weine, den Vorfrühling in den Straßen, den Schnee
vor seinem Fenster, die Seine, die Bahnhöfe. Maigret
liebt – trotz allem, was seine kritischen Leser vermuten –

---

* *Maigret und der Minister,* erschienen 1978 bei Diogenes (detebe 155/3).

die Menschen nicht. Maigret, in späteren Jahren, wird auch reisen, in den Süden Frankreichs, in die USA. Aber sein Widerstreben überträgt sich förmlich auf den Leser.

Wir müssen es eingestehen: Maigret, Kommissar der Pariser Kriminalpolizei, Held unzähliger Affären, ist ein introvertierter Mensch. »Er drückte sich in sein feuchtes Bett, in dem er den angenehmen Geruch seines Körpers wiederfand. Auf diese Art konnte er sich in sich selbst verkriechen. Er wußte noch nicht, daß das eine Gewohnheit werden sollte, in die er in Augenblicken der Entmutigung und Verwirrung noch oft verfallen würde« – so steht es in *Maigrets erster Untersuchung*. Das Bewußtsein verschwimmt wie im Fieber. Im Halbschlaf verwischen sich die Eindrücke des Tages mit Kindheitserinnerungen und Küchengerüchen, Licht und Schatten lassen das Tapetenmuster lebendig werden. Maigret träumt... Da ist die Geschichte mit dem Ofen. Auch sie beginnt in *Maigrets erster Untersuchung*: »Dreimal schon ist der junge Polizeisekretär mit dem Anbruch der Nacht aufgestanden, um den Ofen zu schüren. Sein Leben lang wird er mit Wehmut an diesen Ofen denken, es ist der gleiche, oder fast der gleiche, den er eines Tages am Quai des Orfèvres vorfinden soll.« Mit Wehmut? Maigret, der unerschütterliche Leiter der Mordkommission, benutzt seinen Ofen als Meditationshilfe, lange sitzt er an Wintertagen davor und starrt in das rote Auge der Feuerung. (Als man im Gebäude der Polizeiverwaltung eine Zentralheizung installiert, besteht Maigret darauf, daß man ihm seinen Ofen läßt – erst sehr viel später wird dieses Traum- und Kindheitssymbol entfernt, siehe *Les scrupules de Maigret*). Ebenso bezeichnend ist Maigrets Neigung, wie ein deprimiertes Kind in die Krankheit zu flüchten, leicht fiebernd, mit der latenten Bronchitis, die zu seiner Konstitution gehört, liegt er dann im Bett, umsorgt von Mme Maigret, die auf leisen Sohlen ihre berühmten Teeaufgüsse bereitet.

Nicht ohne Grund fallen solche Entrückungen meist zusammen mit der Peripetie eines Kriminalfalles. Hier entschlüsselt sich das Geheimnis der vielberedeten »Methode« des Kommissars Maigret: Von einem bestimmten Punkt an entläßt er alle Beobachtungen, Indizien, Laborergebnisse und Zwischenträgernachrichten aus der Kontrolle seines Bewußtseins, er verfällt in Tag- und Alpträume, »alles hatte jetzt etwas Unwirkliches«, die handelnden Personen passieren Revue, die Straßen, die Hotelzimmer, die Bistrowinkel, die er bei seinen Streifzügen und in stundenlangen Wartepausen in sich aufgenommen hat, bilden den Hintergrund seiner Traumerlebnisse. Im Unterbewußtsein fügt sich der »Fall« zusammen, Maigret blickt in das Innere der Täter, durchschaut ihre Lebenslüge, erkennt ihre wahren Motive. Nun erst kann er handeln, nun erst kann er konfrontieren, ausfragen, Fallen stellen, verhaften und den Schuldigen der öffentlichen Gerechtigkeit überantworten. Die Stunde der Wahrheit ist da: Ehen brechen auseinander, Feinde erkennen sich, Söhne verleugnen die Eltern, die Jämmerlichkeit tritt zutage. So wird Maigret, indem er träumt, ein *»raccomodeur des destins«*, ein Einrenker, Flickschneider, Korrektor für Schicksale.

Und ist er nicht auch ein Erfinder von Schicksalen? Wer ist der Autor seiner Geschöpfe? Er selbst? Wer träumt den Traum von Maigret, seit 1929 (mit Unterbrechungen), wer sagt, 1955 in einem Rundfunkinterview mit André Parinaud: »Ich habe einmal gesagt, daß ich Maigret als einen ›Einrenker von Schicksalen‹ betrachte. Das ist eigentlich auch meine Leidenschaft.«? Hinter der Maske von Maigret tritt sein Autor hervor, Georges Simenon.

Während Maigret in das Feuerloch seines Büroofens starrt, schlückchenweise seinen dritten Apéritif nimmt, übelnehmerisch das Bett aufsucht, spinnt Simenon den Schicksalsfaden weiter: für ihn. Ein Traum von Maigret ist immer ein Traum von Simenon. Wenn der Traum zu Ende ist, greift Simenon zur Schreibmaschine, Maigret zum Mantel (mit Velourskragen), der eine um aufzuschreiben, was der andere herausfinden wird: eine neue Unregelmäßigkeit im menschlichen Verhaltensmuster, eine rigorose Lebensentscheidung. Jemand ist wieder »bis zum Letzten« gegangen. Jemand hat sich einen Stoß gegeben. Jemand hat sein Leben geändert.

Das ist die »Tat«. Von Verbrechen mag eigentlich niemand reden.

Die Methode von Simenon ist der von Maigret nicht unähnlich. Wenn er schreibt, schlüpft er in die Haut seiner Hauptpersonen, erleidet ihre Konflikte. »Nach fünf bis sechs Tagen wird es fast unerträglich ... nach elf Tagen kann ich nicht mehr.« Die Stoffe bereiten sich im Unterbewußtsein vor, die Gegenwart schafft Assoziationen an frühere Erfahrungen, dann erst beginnt die »Impersonisation« (Gespräch mit Carvel Collins, 1957). (...)

Simenon ist nicht Maigret, der ein Leben lang am Boulevard Richard Lenoir wohnen bleibt, weil er eine »Horizontveränderung« nicht über sich bringt, der eine Dienstreise zur Mittelmeerinsel Porquerolles scheut – auf der Simenon zu schreiben pflegte –, weil ihm »in solchen Gegenden die Lust zur Arbeit vergeht«, der seine Reserve gegenüber den Großen dieser Welt, den Filmstars, Weltreisenden und reichen Leuten, niemals überwindet. Das Bizarre daran ist, daß Georges Simenon, indem er den konservativen Traum vom abhängigen, kleinbürgerlichen, komfortablen Leben des Kommissars Maigret träumt, gerade damit reich, berühmt und unabhängig wird. Aber es gibt auch Ähnlichkeiten. Maigret, wäre er nicht »Polizist« geworden, hätte Arzt sein wollen, Diagnostiker. »Ich wäre gern Diagnostiker geworden«, sagt auch Simenon. Von den vielen Komplimenten großer Zeitgenossen ist ihm das von Professor Leriche das liebste: »Was mir an Ihren Büchern gefällt, lieber Simenon, ist, daß ihre Figuren nicht nur ihr Romanleben führen, geistig und physisch, sondern auch eine Leber, Lungen, Herz und Muskeln haben . . .« Nicht zufällig also ist das Krankenzimmer ein bevorzugter Schauplatz Simenonscher Romane, nicht zufällig gibt es ein Photo aus dem Jahre 1960, auf dem man auf dem Arbeitstisch Simenons ein französisches Lehrbuch der Psychiatrie und eine Nummer der englischen Ärztezeitschrift *Lancet* erkennt. Jugendeindrücke von der tödlichen Krankheit des Vaters und einer unheimlichen Arztfigur, von der Maigret in seinen *Memoiren* berichtet, sind sicher denen des Autors verwandt. Das Milieu der »kleinen Leute«, die frühe Selbständigkeit in der Jugend, haben Maigret wie Simenon kennenlernen müssen.

Kann die Welt von Maigret nicht ein Traum von Simenon sein, ein Traum von kleinbürgerlicher Beständigkeit, ein – romantisierter – Traum von den kleinen Leuten, den Garagisten, polnischen Arbeitern, Bar- und Straßenmädchen, ein nostalgischer Wachtraum von einem Paris, das immer im 19. Jahrhundert verharrt, eine Kindheitserinnerung an die Welt der Väter, deren Vergnügungslokalitäten und Kontore immer wieder von neuem aufgebaut werden? Ein Blick zurück auf die streng und ungerecht geordnete Gesellschaft vor den Weltkriegen, auf eine Ordnung, an die man sich, resigniert und beruhigt zugleich, halten konnte? Ein freundliches Bild von Stadtbewohnern, die vom Lande stammen, die die Weine ihrer Heimatgegend bevorzugen, in die sie zu den Ferien oder in Wechselfällen des Lebens, spätestens aber im Alter zurückkehren?

Ist dieser Traum gar ein Kollektivtraum, das Geheimnis des weltumfassenden Erfolgs, der Simenon heißt, ein Kollektivtraum, der den Namen dieses Autors in der Liste der häufigsten Übersetzungen auf die vierte Stelle, gleich nach Lenin, der Bibel und nach Karl May rücken ließ? Ein Traum vom 19. Jahrhundert.

Maigret, er müßte nicht Maigret sein, hat auch noch diese Identifikation durchschaut. In *Les Memoires de Maigret* hat er die lange Geschichte seiner Beziehungen zu Simenon aufgeschrieben: Von dem Tag an, als sich ein blutjunger Monsieur Sim (Simenons früherer *Nom-de-plume*) anmelden läßt, um bei der Pariser Kriminalpolizei Material für eine neue Romanserie zu sammeln und dabei zum erstenmal dem Kommissar Maigret begegnet. Maigret erinnert sich, wie geniert er war, als er entdecken mußte, daß er – mit seinem wahren Namen – die Hauptfigur dieser Romane geworden war. Simenon entschuldigte sich damals: »Ich habe alle erdenklichen Kombinationen von Silben durchprobiert, die den Namen ersetzen könnten, vergebens. Ich habe es schließlich aufgegeben. Das wäre einfach nicht mehr *meine* Romanfigur gewesen.« Maigret ist empört: »Il dit *mon* personnage . . .« Und im Laufe der Jahre, während die Bekanntschaft enger und freundlicher wird und Mme Maigret für den Simenonschen Nachwuchs Kleinigkeiten strickt, beobachtet Maigret mit verwirrtem Vergnügen, wie Simenon beginnt, den Gang, die Redensarten von Maigret anzunehmen. »Es ist fast so, als begänne er, sich für mich zu halten.« Simenon stellt sich vor, wie es wäre, wenn Maigret denkt, daß Simenon meint, er selbst sei Maigret. Ein Traum von Simenon . . .

Julian Symons
Simenon und sein Maigret

1972

Simenon ist der einzige nichtbritische, europäische Autor seit Gaston Leroux und Maurice Leblanc, der auch außerhalb seines Landes zu großem Ruhm gekommen ist. Sicherlich ist Simenon nicht nur ein Kriminalschriftsteller, wird er doch als Romancier von seinen Bewunderern gelegentlich sogar mit Balzac verglichen. Viele Jahre lang verfaßte er durchschnittlich sechs relativ kurze Kriminalromane pro Jahr, Bücher, die sich jedoch so sehr voneinander unterscheiden in der Gestaltung von Thema, Milieu und Personen, daß man sie keinesfalls als Serienprodukte bezeichnen darf. Doch trotz dieser vielfältigen Variationen ist sein Werk stetig in Ton und Ausführung, und daher erübrigt es sich, zwischen frühem oder reifem Stil zu unterscheiden. Was hier versucht werden soll, ist nicht eine Wertschätzung der Stellung von Simenon innerhalb der französischen Romandichtung; wir befassen uns lediglich mit den Maigret-Romanen, von denen inzwischen über siebzig erschienen sind. Manche seiner anderen Bücher sind vielleicht wichtiger, aber sie gehören nicht in den Rahmen einer Geschichte der Kriminalliteratur, auch wenn sie gelegentlich ein Verbrechen behandeln.

Das erste, was einem englischen Leser bei der Maigret-Saga auffällt, ist der Kontrast zwischen dem Realismus der Personenschilderungen und des Milieus und dem sensationellen Element, das in der Handlung liegt. In *Le Fou de Bergerac*, 1932, verfolgt Maigret vom Zug aus einen Mann, der das obere Bett in seinem Schlafwagenabteil innegehabt hatte, wird von ihm beschossen und in die Kleinstadt Bergerac gelockt, wo er sich den Rest des Romans über in einem Hotelzimmer erholt und versucht, den offensichtlich Verrückten ausfindig zu machen, der zwei Frauen tötete, indem er ihnen mit einer langen Nadel ins Herz stach, und eine dritte auf die gleiche Weise zu ermorden versuchte. Maigret weiß, daß der Mörder einer von den Leuten sein muß, die in sein Hotelzimmer gekommen sind, denn dieser hat dabei vor der Tür seine Eisenbahnfahrkarte verloren. Es zeigt sich, daß die Wurzel des Verbrechens weit in der Vergangenheit liegt – eine unwahrscheinliche Geschichte, die nebenher am Ende des Romans enthüllt wird und von einem Arzt handelt, der in einem algerischen Gefängniskrankenhaus arbeitete und dort seinen zum Tode verurteilten, verbrecherischen Vater antraf. Der Arzt rettete seinen Vater, indem er einen anderen Toten als seinen Vater ausgab. Später ließ sich der Arzt in Bergerac nieder, wo er zu den Honoratioren gehört. Der ›Verrückte‹ ist in Wirklichkeit sein Vater, jetzt ein hochgradiger Psychopath, der seinem Sohn mehrere unwillkommene Besuche abstattete und dabei jedesmal eine Frau ermordete. Nach dem zweiten gelungenen Mord tötet der Arzt seinen eigenen Vater und leert seine Taschen von Belastungsmaterial, verliert aber die Eisenbahnfahrkarte ausgerechnet auf dem Gang vor dem Hotelzimmer von Maigret.

Warum eine einzige, noch dazu höchst unwahrscheinliche Geschichte aus dem Maigret-Komplex herausgreifen? wird man sich fragen. Was ist schon ein bißchen Brandstiftung, die Vertauschung einer Leiche, ein Psychopath, der mit Nadeln sticht, verglichen mit den Finessen eines ›Locked-Room-Mystery‹? Das Erstaunliche ist, daß man bei Simenon durch Ereignisse aus der Fassung gebracht wird, die man bei John Dickson Carr und anderen einfach voraussetzt. Ich meine, es kommt daher, daß Simenons Personen den Leser so überzeugen wie wirkliche, lebendige Menschen. Wären sie nur zweidimensionale, papierene Wesen, dann würde man sich kaum dafür interessieren, was ihnen im Lauf des Buches zustößt. Die Kunst Simenons liegt darin, daß er das Unwahrscheinliche akzeptabel darstellt. Denken wir an den Anfang eines anderen früheren Romans, *Le Pendu de Saint-Pholien*, 1931, in dem Maigret einem Mann quer durch ganz Frankreich und über die deutsch-holländische Grenze folgt, nur weil er ihn dabei beobachtet hat, wie er eine große Geldsumme in einen Briefumschlag steckte und zur Post gab. Der Mann ist schäbig gekleidet, trägt einen billigen Pappkoffer – wieso hat er so viel Geld? Es gelingt Maigret, einen ähnlichen Koffer zu erwerben, den er mit Zeitungen vollstopft; er vertauscht ihn auf einem Bahnsteig mit dem Koffer des Mannes und befindet sich danach prompt, aber zufällig im Hotelzimmer nebenan, als sich der unbekannte Mann erschießt, nachdem er den Austausch bemerkt hatte. Bei Licht besehen ist das Verhalten des Kommissars mehr als unwahrscheinlich. Dennoch ist man bereit, solche unglaubwürdigen Dinge beim Lesen einfach hinzunehmen, und sowohl *Le Pendu de Saint-Pholien* wie *Le Fou de Bergerac* sind interessante, überzeugende Romane. Der letztgenannte ist ein ganz typischer ›Maigret‹ mit gleichen Vorzügen und Schwächen wie die meisten anderen. Das Milieu ist immer präzise geschildert und vermittelt meist einen ganz persönlichen Eindruck von Paris, Antibes, einem Laden an der belgischen Grenze oder einer ›Guinguette‹ an der Seine. Das Wetter wird mit so viel Lebhaftigkeit und Behagen beschrieben, daß man das Gefühl hat, der Autor ertrinke tatsächlich im Regen, den er beschreibt, oder schwitze unter der sengenden Sonne. Simenons Aufnahme- und Wiedergabefähigkeit für körperliche Empfindungen dieser Art ist sicherlich größer als die der meisten zeitgenössischen Romanschriftsteller. Seine Personen wachsen ebenfalls aus diesem prächtigen Humus der Erfahrungen; sie passen in schläfriges wie kriminelles Stadtmilieu, passen zum Provinzialismus der Kleinstädte und zu der ständig gegenwärtigen Gefahr einer Hafenstadt wie Marseille. Sie beziehen Farbe und Überzeugungskraft aus der ihnen gemäßen Umgebung, und es scheint so, als kenne Simenon alle möglichen Menschentypen und könne ohne Schwierigkeiten in ihre Haut schlüpfen.

Die Umgebung, das Wetter, die Menschen werden uns immer durch die Persönlichkeit von Maigret nahegebracht. Wenn wir das Gefühl fröhlicher Ferientage vermittelt bekommen wie in *Liberty Bar*, 1932, dann deshalb, weil Maigret selbst von diesem Gefühl beherrscht wird. Wenn Maigret in *Maigret und die alte Dame**, 1953, Valentine Basson als charmante alte Dame präsentiert, so ist sie das nur deshalb, weil wir sie mit seinen Augen betrachten. Ich weiß nicht, ob es jemals aufgefallen ist, daß Simenon nie zurücktritt und in der dritten Person schreibt. Alles, was geschieht, ist so, wie Maigret es sieht oder wie man es ihm berichtet. Er selbst ist der Roman, in dem er auftritt, und zwar in einer Weise, wie das bei keinem anderen Detektiv der Fall ist. Wie John Raymond in seiner Studie über Simenon behauptet, ist »jeder Fall weniger ein Problem, das es zu lösen gilt, als ein Drama, das man begreifen muß, ein Drama, in dem Maigret sämtliche Rollen verkörpert«. Sicher sind einige Romane bes-

* Erschienen im Diogenes Verlag 1978 (detebe 155/5).

ser, andere schwächer, und ich selbst neige dazu, die früheren vorzuziehen, weil Maigret hier mehr mit professionellen Verbrechern zu tun hat, während in den neueren Romanen mitunter etwas vage philosophische Ideen aufkommen, aber hier wie dort geht es im Grunde nur um Maigret selbst. Wir kennen ihn besser als jeden anderen Detektiv der Literatur, zweifellos besser als Sherlock Holmes.

Wenn man einen einzelnen Roman nennen soll, der die Qualitäten der Maigret-Geschichten in vollem Umfang aufweist, dann ist das vielleicht *Mein Freund Maigret**, 1949. Hier nützt Maigret eine Chance und begibt sich aus dem regnerischen Paris auf die sonnendurchglühte Insel Porquerolles vor Toulon. Ein alter Gauner wurde ermordet, vermutlich deshalb, weil er sich seiner Freundschaft mit Maigret gerühmt hatte. In Begleitung eines Kriminalbeamten von Scotland Yard, der Maigrets Methoden studieren will (doch Maigret behauptet, er habe gar keine Methoden), reist er nach Porquerolles und zeigt, wie sehr er in der Lage ist, die spezifische Wesensart der Inselbewohner wie ein Schwamm in sich aufzusaugen. Hinter seiner scheinbar faulen Hingabe an das Vergnügen des guten einheimischen Essens und des köstlichen Weins aus dem Midi verbirgt er schlau seine Fähigkeiten, die Verhaltensweisen der Menschen zu interpretieren – der größte Vorzug, den er als Detektiv besitzt. Die frühere Freundin des alten Gauners, jetzt Bordellmadame, ist besonders gut gezeichnet. Der Mann von Scotland Yard dagegen wird nur umrissen, doch Maigrets Unbehagen über seine Anwesenheit liefert den Stoff für einige Szenen voll köstlichen Humors. Es gibt keine Zufälle und Unwahrscheinlichkei-

* Erschienen im Diogenes Verlag 1978 (detebe 155/6).

ten. Dieses Buch ist sicher eines aus dem halben Dutzend der besten Maigret-Romane.

Unser Wissen über Maigret, das wir aus seinen Fällen gewinnen, wird noch ergänzt durch *Les Mémoires de Maigret*, 1950. Dieses sehr geistreiche Buch berichtet nicht nur über die Kindheit des Kommissars, seine Bewerbung und Anfangslaufbahn bei der Pariser Polizei, sondern auch über seine Abneigung gegen die Art, wie ein gewisser Simenon über ihn schreibt. Es sieht so aus, als habe der Autor zunächst so etwas wie eine Karikatur des ›echten‹ Maigret zeichnen wollen, der nur selten eine Melone trägt und sich auch nicht an seinen berühmten Mantel mit dem Samtkragen der frühen Romane erinnert, wenn er auch zugibt, ein solches Kleidungsstück einmal besessen zu haben. Dieses Prosastück, das zugleich den Mythos Maigrets glaubhaft vertieft und dennoch seine Künstlichkeit betont, ist Welten von den langweiligen Schriften über die Person von Sherlock Holmes entfernt. Dennoch begegnet uns die Persönlichkeit Maigrets in ihren verschiedenartigen Aspekten vor allem bei der Lösung seiner Fälle, und diese Begegnung geht weit über die Kenntnis von ein paar naheliegenden Symbolen wie dem einer Tabakpfeife und einer Vorliebe für Aperitifs hinaus.

Maigret, der Sohn eines Gutsverwalters, fühlt sich nie so recht wohl in der Gesellschaft von Aristokraten und Politikern, dagegen liebt er Kinder und kommt mit den Verbrechern und den Bourgeois der unteren Mittelschicht ebenso gut aus wie mit Ärzten und Rechtsanwälten. Sein Verständnis ist freilich begrenzt. Maigret ist kein Intellektueller, doch er hat Momente mit fast künstlerischem Einfühlungsvermögen, durch das er ihm fremde Lebensweisen verstehen lernt. Wir wissen nicht, wen er wählen würde, aber wir können sicher sein, daß er seine Stimme eher einer Partei geben würde, die Stabilität verheißt, als denen, die alles erneuern wollen. Wir kennen seine sexuellen Praktiken nicht, aber wir würden auch dabei vermutlich nichts Ungewöhnliches finden. Maigret ist ein typischer Bourgeois, doch mit einer Sympathie für das, was außerhalb seiner eigenen Welt liegt. Er ist eine der am deutlichsten verkörperten Gestalten der modernen Literatur. Sein Erfolg auf dem Fernsehschirm kommt nicht zuletzt daher, daß er bereits zuvor zu einem festen Begriff geworden war.

Die Maigret-Romane stehen für sich allein auf dem Gebiet der Kriminalliteratur, ja sie haben kaum Beziehung zu den übrigen Werken des Genres. Simenon selbst interessiert sich nicht für andere Kriminalromane und hat auch nur ganz wenige davon gelesen. Die Grundlagen seiner Romane sind oft knapp und anekdotisch. Es gibt keine Großtaten von Logik und Vernunft, und die vorgestellten Probleme sind ebenso menschlich, wie sie kriminalistisch sind. Die Welt seiner Romane ist auf wundervolle Weise wirklichkeitsnah, seine Personen sind wahr und nicht selten unvergeßlich, wenn wir auch kaum rein gefühlsmäßig von ihnen ergriffen werden. Maigrets objektive Sympathie wird auch die des Lesers, und wie er sind wir nicht bereit, allzutief zu den Wurzeln eines Verbrechens vorzudringen, sondern wenden uns lieber einem neuen Fall zu. Simenon ist zweifellos einer der Meister des Kriminalromans, und seine Meisterschaft besteht in erster Linie in der Erschaffung seines Kommissars Jules Maigret.

Deutsch von Friedrich A. Hofschuster

Pierre Boileau
Etwas hat sich geändert im Kriminalroman

1973

Als Ende 1930/Anfang 1931 die ersten Maigrets erschienen, galten Holmes, Rouletabille und Lupin bereits als ruhmreiche Vorfahren. Die Helden des Tages hießen Hercule Poirot, Lord Peter, Ellery Queen und Philo Vance; sie waren die berühmtesten Darsteller in den drei großen Kriminalserien jener Zeit *Die Maske, Die Spur* und *Meisterwerke des Abenteurerromans.*

Damals präsentierte sich der Kriminalroman als perfektioniertes Rätsel, als eine Art Zweikampf zwischen einem Autor, der über Geheimwaffen verfügte, und einem Leser, der es allein auf die totale Niederlage abgesehen hatte; ergo ein ungleiches Duell, das manche sehr zu Unrecht mit einer fairen Schachpartie verglichen.

Ein Kriminalroman, das hieß Verbrechen, Untersuchung, Indizien, Verdächtige, Verhöre und ein Kriminalbeamter mit erstaunlicher Intelligenz, der am Schluß den Unverdächtigsten entlarvte.

Im Kern war es die Schilderung eines Vorfalls, der von der Lösung her aufgerollt wurde, und ein wirtschaftlich arbeitender Schriftsteller hätte die Geschichte auf ein paar Seiten erzählt. Eine Geschichte, die kaum etwas taugte, abgesehen von den allerletzten Seiten, mit denen die oft auf die Probe gestellte Geduld belohnt werden sollte.

Man las praktisch einen Kriminalroman nicht zweimal, es sei denn, man hatte den Schluß vergessen.

Pietr-le-Letton*, M. Gallet décédé, Le Charretier de la

Providence schienen klassische Kriminalromane zu sein. Jeder fing ganz traditionell mit der Entdeckung eines rätselhaften Mordes an: ein Mann war durch einen Pistolenschuß in einer der Toiletten des ›Etoile du Nord‹ getötet worden; ein anderer in einem Hotelzimmer; eine Frau war in der Nähe einer Schleuse erwürgt worden. Und jeder fragte nach dem unvermeidlichen Wer? Warum? Und wie?

Doch kam es – und das sicher zum ersten Mal seit Gaboriau – weniger auf das letzte Kapitel als auf die vorhergehenden an. Zum ersten Mal war die Antwort auf Wer? nicht einfach ein Name, die Antwort auf Wie? nicht einfach die Beschreibung einer Tathergangs, die Antwort auf Warum? nicht einfach die Darstellung eines Motivs. Es war jetzt nicht mehr wichtig, einen Mörder zu identifizieren, sondern ihn zu verstehen; sein eigenes Problem zu lösen, nicht mehr das, das durch sein Verbrechen aufgeworfen wurde, so unverständlich dies auch zu sein schien.

Daher wurde die Untersuchung in zweiter Instanz geführt, aber nicht mehr von irgendeinem Experten in Vergrößerungsgläsern, der darüber hinaus unschlagbar in seinen Schlußfolgerungen war. Auf der Ebene, auf der Georges Simenon Personen und Intrigen situierte, reichte die Logik allein nicht mehr aus. Sicher brauchte auch er einen scharfsinnigen Helden, der seinen Verstand entsprechend einsetzte, aber zuerst einen einfühlsamen Helden, einen Menschen, der anderen Menschen gegenüber so eingestellt war, daß er sich gegebenenfalls mit einem von ihnen hätte identifizieren können. Daher läßt dieser

---

* Simenons erster namentlich gezeichneter Maigret. Deutsch unter dem Titel *Maigret und Pietr, der Lette,* Diogenes 1978 (detebe 155/2).

zurückhaltende Beamte, dem die Theorien und Methoden der ihm fremden aufgeblasenen Detektive unbekannt sind, lieber langsam – wie bei einem Osmosevorgang – die Wahrheit auf sich einwirken. Daher entwickelt dieser Kommissar so viel Nachsicht und Sympathie, je mehr er sich in diejenigen hineinversetzt, die er eigentlich den Richtern übergeben soll, die er aber um keinen Preis der Welt verurteilen will.

Man war weit entfernt von den ›kleinen grauen Zellen‹, weit weg vom perfekten Verbrechen und von den ›Genies des Bösen‹. Auf die Gefahr einer gewaltsamen Änderung des Plans hin konnte bei einer Untersuchung à la Maigret nur eine konkrete, glaubhafte Geschichte im Ton *Vermischter Nachrichten* herauskommen. Deshalb beispielsweise war das Risiko groß, daß die Begründung am Schluß von *M. Gallet décédé* einen bis dahin geneigten Leser enttäuschte: weil er seine Frau in den Genuß einer Versicherungspolice bringen will, konstruiert ihr Mann, ein Bastler, mit Hilfe einer Pistole und einem Wecker eine Höllenmaschine, die ihn aus einiger Entfernung tötet und so seinen Selbstmord in Mord verkehrt. Alles läuft wie geplant, doch nach dem vermeintlichen Mord hat die Waffe Ladehemmung und funktioniert erst einige Tage danach wieder, wobei ein Assistent Maigrets verletzt wird. Das gibt zusätzliche Rätsel auf.

Paradoxerweise drehte sich die zu ausgeklügelte List, der zu unerwartete Knalleffekt gegen seinen Erfinder. Was gewöhnlich Erfolg versprach, stellt sich hier als Schwäche, wenn nicht als Fehler heraus. Es hatte sich ganz entschieden etwas im Kriminalroman geändert. Etwas, das die ersten Leser Simenons mehr oder weniger deutlich empfanden.

Sie sollten bald noch mehr merken – denn die Maigrets

erschienen nach dem ersten Maigret in rascher Folge.
Zunächst, daß sicher der Tag kommen würde, an dem sich
der Autor nicht mehr an die Grenzen einer Gattung halten würde, deren Strukturen er aufgelockert hatte. Wenn
jemand einen Kriminalroman schrieb, mußte er sich dazu
zwingen, den Mörder erst nach seinem Verbrechen, das
Opfer erst nach seinem Tod zu kennen. Er mußte sich
dazu zwingen, diese beiden und auch die anderen Helden
des Abenteuers nur durch eine Mittelsperson kennenzulernen. Würde Georges Simenon sich damit abfinden, die
Menschen durch die Brille eines anderen zu betrachten,
und sei es auch der so verständnisvolle Blick eines Maigret? Würde er es akzeptieren, sie in ihrer Einsamkeit
weiter zu ignorieren? Würde er nicht versuchen, die
Untersuchung selber in die Hand zu nehmen auf der Suche
nach einer Lösung von Problemen, von denen er wußte,
daß es keine Lösung gab?

1931 konnte ein vorausschauender Kritiker in dem Kri-
minalgeschichtenschreiber schon den Schriftsteller als solchen ahnen. Aber wer hätte damals zu hoffen gewagt auf
Pedigree, Le petit saint, Die Glocken von Bicêtre? . . .

Deutsch von Renate Nickel

Thomas Narcejac
Der Punkt Omega

1973

Kein Werk gibt mehr Rätsel auf als das von Simenon. Und das, obwohl kein Autor mehr über die Bedeutung seiner Suche ausgesagt hat. Doch spricht Simenon eben immer über seine Technik, viel weniger darüber, was er darstellen will. In jedem Buch ist er einer bestimmten menschlichen Wahrheit auf der Spur. Versucht er etwas Wesentliches über den Menschen auszusagen oder will er den Menschen immer wahrhaftig darstellen? Beides zugleich, und deshalb steckt meiner Meinung nach in jedem Roman eine Doppeldeutigkeit, als ob Simenon erwartet, durch die Konzentration auf das ›machen‹ beim ›sein‹ anzukommen und das innerste Wesen des Menschen zu entdecken. Das Vorgehen scheint widersprüchlich. Man kann das Allgemeine scheinbar nicht durch das Besondere erfassen. Und doch stimmen ein verständlicher Kern und die Vielfalt seiner Erscheinungsformen gleichzeitig überein, ist es das Sein und unteilbar die Art zu sein, ist es der Mensch und die Gestalt zugleich. Aber sie verweisen unbestimmt aufeinander, und an der Grenze, an der sich Gestalt und Mensch decken, das Werk so gelungen ist, daß es durch und durch lebt, wird das dargestellte Menschliche durch zu viele Bedeutungen sozusagen rätselhaft. Das ist beispielsweise bei Balzac in seinen besten Momenten der Fall. Die Gestalt ›quillt über‹. Sie lebt auf vielfältige Weise für sich, ist gekennzeichnet durch eine auffallende Leidenschaft, eine Leidenschaft, etwas, das sich auf Anhieb ›denken‹ läßt. Doch bei Simenon läßt sich keine Person wirklich denken. Darin liegt das ganze Problem.

Es wird deutlich, wenn man sich nicht irgendein Buch, sondern alle 200 Romane Simenons vornimmt. Das Thema, das am häufigsten wiederkehrt, ist die ›Bilanz‹. Es gibt vielleicht nicht eine einzige Person bei Simenon, die sich nicht irgendwann fragt: Wer bin ich? und die nicht beharrlich und schmerzlich sucht, nicht danach, was in ihrem Leben, sondern überhaupt in einem Leben von Belang ist. Wichtig ist nicht die Leidenschaft, nicht das Festhalten an einem Wesen, einer Sache, einem Besitz. Im Gegenteil. Die Gleichgültigkeit zählt. Jedem von uns wird ein Zustand der Unschuld angeboten, je nachdem was wir sind, ein Zustand, den wir nicht erreichen, sondern wiederfinden müssen; häufig ist es die Kindheit, die unbewußt Sehnsüchte auslöst und einem das Gefühl gibt – vor allem, wenn man arriviert und etabliert ist –, etwas verraten zu haben. Worin besteht diese verlorene Unschuld? Simenon sagt es uns nie. Doch liegt es auf der Hand, daß es die Unschuld des Blicks ist. Lange vor uns gab es eine Zeit, wo die Welt existierte, wo allein ihre Präsenz ein Wunder war, in der wir jenseits von Gut und Böse lebten, ohne dieser oder jener zu sein. Wir waren ein verwundertes Ding, wie es die Meduse sein kann, getragen und durchdrungen von dem Urstrom. Daher kämpfen Simenons Personen, zumindest die bedeutenderen, nicht wie bei Balzac oder Dostojewskij mit der Welt und werden nicht auf ihrem Höhepunkt erfaßt. Sie stehen im Gegenteil im Kampf mit sich selber oder werden vielmehr geschildert in ihrem Bemühen, allem Kampf ein Ende zu machen, den Teil ihrer selbst wiederzuerlangen, den sie verkümmern und verkommen ließen. Für die anderen sind sie falsch und betrügerisch; um sich wiederzufinden, sind sie gezwungen, ihr scheinbares Ich aufzugeben. Und diese Aufrichtigkeit eines gewissen Verzichts will Simenon fühlbar machen. In einem bestimmten Sinn ist er der Romancier der Vernichtung des Ich.

Kann man den Ehrgeiz eines solchen Plans ermessen? Denn ihn interessiert nicht mehr das Menschliche im banalen Sinn des Wortes. Auch nicht der Schwärmer, der willensbetonte oder von der Leidenschaft bestimmte Mensch. Und auch nicht der vom Mitleid, von der Großzügigkeit oder der Liebe beseelte Mensch. Es ist in einem immer weiteren und tieferen Sinn der Mensch in dem Augenblick, in dem er seine Ohnmacht spürt, das Bewußtsein sich verliert und gerade dadurch in einem Nicht-Sein aufgeht, in dem es auf geheimnisvolle Weise Welt wird. Die Aufgabe der Kunst besteht hier darin, die reine Existenz zu erfassen und zu suggerieren, etwas zu konkretisieren, auf das das Denken keinen Zugriff mehr hat. Kurz, es ist für Simenon das gleiche, etwas Wesentliches über den Menschen auszusagen und den Menschen immer wahrhaftiger *darzustellen*. Kunst und Leben gehen ineinander über. Am Ende gibt es nur ein Problem: den lebendigen Wörtern zuzuhören (nicht zu erfinden), denjenigen, durch die die Personen von selbst existieren, die die Reflexion nicht mehr erreichen kann. Ihre psychologische Wahrheit liegt nur noch in der Wahrheit des Stils. Und diese Wahrheit ist nicht literarischer Art. Das ganze Streben Simenons ist auf eine unmögliche Rückprojektion gerichtet: mit den einfachsten Worten das festzuhalten, was in seinen Gestalten so einfach geworden ist, daß sie glauben, an der Schwelle, wo Wort und Erlebtes eins sind, ihre Identität zu verlieren.

Daher gehört Simenon in einer völlig einmaligen Art zur allerneuesten Literatur, die vom Existentialismus herkommt. Er ist natürlich unbelastet von jeder Theorie, zum

Beispiel, daß der Mensch im Handeln existiert, daß das Dasein dem Sosein vorangehe, oder daß der unterbewußte Strom der Gedanken allein das Elend des Menschen auf der Welt artikulieren könne. Trotzdem siedelt er sich mit seiner stillschweigenden Weigerung, Charaktere darzustellen, vom Menschen zum Geschehen oder zur Intrige überzugehen, unter den Suchenden an, für die die Kunst zuallererst konkret sein muß, auch auf die Gefahr hin, daß diese Vorstellung ein Maß an Nicht-Bildlichkeit einschließt. Um so schlimmer, wenn die Darstellung des Einzigartigen eine relative Unverständlichkeit zur Folge hat. Der Mensch ist da, rätselhaft vielleicht, aber pulsierend. Was die Suche unendlich begünstigt, ist der Wunsch des Schriftstellers, die unbekannte Zone, die das Konkrete von seiner totalen Bedeutung trennt, andauernd zu verkleinern. Der Maler hat diesbezüglich mehr Möglichkeiten als der Schriftsteller. Mit Hilfe einer vorherrschenden Farbe, die bereits eine Atmosphäre schafft, kann er beim Porträt hinter der äußeren Gestalt die Seele ahnen lassen. Man denke beispielsweise an Toulouse-Lautrec. Äußeres und Inneres sind gleichzeitig verfügbar, beleben sich gegenseitig, bei einem einzigen Blick. Der Roman dagegen entwickelt sich in der Zeit. Wie kann man das Innere beim Schreiben erfassen? Durch die Stimmung zuerst – aber das weiß Simenon schon lange. Dann durch die ›Substanz-Worte‹ (›*mots-matière*« – Ausdruck Simenons) und diese ›Substanz-Worte‹ werden zum Äquivalent der Pinselstriche in reiner Farbe. Schließlich durch einen bestimmten Rhythmus des Lesens. Ein Roman von Simenon muß schnell gelesen werden. Das heißt, Simenons Kunst ist nicht so sehr die eines Schriftstellers als die eines Malers. Dann versteht man auch besser, daß die erdrückende Fülle des Autors trügt. In Wirklichkeit nimmt sich

Simenon immer wieder dasselbe Bild vor und versucht das, was dem Künstler untersagt ist: etwas in seiner Totalität zu schaffen. Sosein und Dasein zusammengenommen. Das ist der Punkt Omega, der Augenblick der absoluten Wahrheit. (. . .)

Doch hat Simenon mehr als einmal beinahe sein Ziel erreicht; dies muß besonders jenen gesagt werden, die in Simenon nur einen Schwätzer sehen. Vor allem *Le petit saint* ist meiner Meinung nach ein seltenes Meisterwerk*. Der Held dieses Buches ist eben gerade ein Maler, und deshalb geht er vielleicht, während er in seinem Werk durchhält, gleichermaßen bis an die Grenzen seines Ich. Man nennt ihn »den kleinen Heiligen«. Diese Worte sind Simenon sicher nicht zufällig in die Feder geflossen.

Deutsch von Renate Nickel

---

* Es erscheint in neuer deutscher Übersetzung von Trude Fein im Diogenes Verlag.

Gilbert Sigaux
Simenon lesen

1973

Will man Simenon in seiner Wirklichkeit sehen, darf man weder seine überquellende Fülle noch seine Einheitlichkeit übersehen. Zweihundertzehn Romane: das ist ein Œuvre. Bei Balzac folgt (oder erreicht) die Kathedrale einem Grundriß. Bei Simenon vermittelt uns eine Porträtgalerie mit ihren Korrekturen, ihren absichtlichen Wiederholungen, ihren Familien eine Vorstellung vom Menschen. Seien es Paare oder Einzelgänger, Mörder oder Opfer, aus allen Schichten, die der Porträtist im Augenblick der Krise festhält, die Personen Simenons sind immer echt und beunruhigend wirklichkeitsnah. Nie sind sie ihrem Erfinder ähnlich, der zunächst ihr Zeuge, dann wiederum ihr Darsteller ist. Er urteilt nicht, er zwingt den Leser zur Betrachtung, im Grenzfall: sich selber zu betrachten. Simenon beschreibt und zeigt auf, verdeutlicht und bleibt im Hintergrund. Er tritt nur als Fragender auf. Aber im Gegensatz zu dem, was unaufmerksame Leser bis vor kurzem noch annahmen, fragt er nicht: Wer hat getötet?, sondern: Wohin gehen wir? Worin liegt der Sinn unseres Abenteuers? (...)

Die literarischen Wurzeln der Anlagen Simenons sind vielverzweigt. Er ist Erbe und Begründer zugleich. Man kann ihn erst dann richtig einschätzen, wenn man viel von ihm gelesen hat. Erst wenn man seine Personen mit ihrem fast immer tragischen Schicksal lange auf ihrem Weg begleitet hat, zeichnet sich *der* Roman ab, auf dem sich nach und nach *die* Romane Simenons aufgebaut haben.

Oder vielmehr, dann sieht man hinter den verschiedenen Gesichtern die Züge des Menschen, den Simenon in jedem Buch von neuem zu entdecken bemüht ist. Diese endlose Suche ähnelt in mehrfacher Hinsicht einer ärztlichen Untersuchung, läuft auf klinische Psychologie hinaus. »Der Stil und die Art und Weise sind nicht so wichtig. Der Psychiater muß bei seinem Patienten die Wahrheit herausfinden«, sagt Simenon, und danach handelt er auch: stilistischer Wohlklang zählt für ihn nicht, er will einzig und allein der Wahrheit auf die Spur kommen.

Seine berühmteste Gestalt, Maigret, will den Menschen in seiner Beständigkeit erfassen. Er ist viel eher Arzt als herkömmlicher Detektiv. Simenon selbst hat ihn vielsagend bezeichnet als ›Flickschuster des Schicksals‹. Aber das Wort verweist über Maigret hinaus auf seinen Erfinder und erklärt seine eigentlichen Absichten.

Simenon schrieb 1959 einen kurzen Essay mit dem Titel *Der Roman vom Menschen*,* der sein Vorgehen ganz klar veranschaulicht.

»Man könnte meinen, wir haben uns über Jahrtausende hartnäckig geweigert, uns als das zu sehen, was wir sind, als eine zufällige und vergängliche Verbindung von Molekülen, wie uns heute bestätigt wird ... Der Mensch von heute ist sich noch nicht klar darüber, für welches Bild von sich selber er sich entscheiden soll, und eine ganze Generation ist auf der Suche nach ihrem Helden. Oder, wenn man so will, ihrer Wirklichkeit ... Frühere Epochen haben uns ein beschönigendes Bild des Menschen hinterlassen, des Menschen in seinem bloßen Schein, der zufrieden sein wollte. Ob uns unsere Zeit das Bild des Menschen in

* Deutsch erschienen bei Diogenes 1977 (mini-detebe xvii).

seiner ganzen Blöße zeigt, der sich über sich selber keine Illusionen mehr macht?«

Diesen Roman des »Menschen in seiner ganzen Blöße« wollte Simenon schreiben, und er war sich dessen immer bewußter. Und sicher ist in der Methode der genauen Prüfung, die seine Entwicklung kennzeichnet, der Wille zu spüren, durch die Fiktion, durch den Roman in dieses Dunkel vorzustoßen, in dem die Geheimnisse des Menschen ruhen. Hinter dem Romancier, der unaufhörlich Geschichten erzählt, die auf der ganzen Welt gelesen werden von Millionen Menschen und von Film und Fernsehen fortgesetzt und vermehrt werden, sehen wir die Gestalt eines Schriftstellers, der sich genau wie die größten Dichter des 19. Jahrhunderts den Menschen in seiner Zeit aufgeladen hat, einen Menschen, der weder an Gott noch den Teufel glaubt, aber doch eine Seele hat.

Die Personen Simenons sind oft Menschen wie alle anderen. Aber es geschieht etwas, das sie anfangs nicht verstehen und das ihnen ihre Schwäche zeigt oder sie daran oder auch an die Lüge erinnert, auf der sie ihr Leben aufgebaut haben. Sie kommen nicht mehr zur Ruhe, sie gehen innerhalb ihrer Möglichkeiten bis an die Grenze ihrer Aufrichtigkeit. Es liegt eine imponierende Größe, eine düstere Tragik in dieser Konfrontation der fast immer einfachen Menschen mit dem, was ihnen über den Kopf wächst. Ob aber einfach oder groß, wenn die Masken fallen, sehen alle Gesichter gleich aus. Und Simenon zeichnet sie alle mit der gleichen Schärfe. Dies hat als einer der ersten, wenn nicht überhaupt als erster André Gide gesehen.

Simenon besitzt ein Gedächtnis für Farben, für Gerüche und Töne, die in seine Romane ganz unbestreitbar Leben bringen: hunderte von Stadtbeschreibungen (vor allem von Paris, das außer ihm nur Balzac so geschildert hat), Landstraßen, Häfen, Wälder, Flüsse, das Meer, Straßen, Häuser, eine ganze Welt wird gegenwärtig in vielen kleinen Pinselstrichen, Tupfern, Schraffierungen, genauen Pinselstrichen hingeworfen in impressionistischer Geschwindigkeit, einer sichtbaren Geschwindigkeit, die mit der Kürze der Sätze zusammenhängt. Aber die Welt wird nicht in einer Beschreibung abgefertigt, sie begleitet sozusagen die Personen. Zwischen zwei Sätzen eines Dialogs steht die Dauer eines Bildes. Die Kamera filmt unaufhörlich die Natur hinter oder neben den Menschen. Damit bei diesem Rhythmus und dieser Sicherheit der Stoff aus den vielen Fäden, die das Leben sind, auch gelingt, braucht der Schriftsteller etwas anderes als sein erlerntes Handwerk: er braucht eine Beziehung zum Unterbewußten, ein tiefes und intensives Eindringen, das die Identifikation verursacht und ermöglicht und dem Schriftsteller erlaubt, in einer anderen Sprache als der seinen zu sprechen, aber mit ebenso großer Aufrichtigkeit und ebenso verwurzelt in einer Vergangenheit, als ob er für sich selber spräche.

Simenon erfaßt Leben und Menschen instinktiv, also in einer Art, die die ganze Menschheit umgreift. Wenn er mit Lesern aus allen Schichten verbunden ist, wenn er irgend jemand, sei es Gide oder Henry Miller oder Jung, rührt, dann deshalb, weil er bei jedem dieselbe Angst, dasselbe Schwindelgefühl vor dem Leben, dasselbe Entsetzen und Mitleid erregt. Bei dieser Suche im Dunkeln, auf diesem langsamen Marsch hat keine moralische Konvention Platz. Der Romancier orientiert sich an den Menschen und ihrem Innern, läßt uns hineinhorchen in ihr Leben und ihr Schicksal verfolgen und begleitet sie bis ans Ende.

Welchen Sinn hat unser menschliches Abenteuer? Die

Frage bleibt hier unbeantwortet: Der Maler hat alles ausgesagt, was er konnte, und dreht sein Bild wieder zur
Wand; er glaubt an kein Ziel, das es zu erreichen gilt; er
weiß, daß er bald wieder anfängt zu malen. Die Abfolge
und der Vergleich der einzelnen Teile geben dem Leser das
Gefühl, sich dem unausdrückbaren Wahren zu nähern, sich
durch eine fremde Geschichte, die auch die seine ist, ein
bißchen kennenzulernen. Zauber des Romans. Alle
Romane Simenons gehören ein und demselben Roman an.

Deutsch von Renate Nickel

Eléonore Schraiber
Georges Simenon und die russische Literatur

1973

Eine bedeutende Rolle im schriftstellerischen Gesamtwerk Simenons spielen seine gesellschaftspsychologischen Romane, seine ›harten‹ Romane, wie er sie nennt. In ihnen sind die wesentlichen Richtlinien dessen, was wir vom Menschen wissen, enthalten. Wie Simenon zugab, formulierte er diese Grundzüge mit Hilfe der russischen Realisten, denn ihr zentrales Problem war immer der Mensch in seinen Beziehungen zur Umwelt und zur Gesellschaft, der Mensch in seiner Einmaligkeit und zugleich mit den charakteristischen Merkmalen der sozialen Schicht, aus der er kommt.

Die Helden bei Simenon sind kleine Leute, die nichts Außergewöhnliches an sich haben, deren geordnetes Leben plötzlich aus scheinbar rein äußerlichen, manchmal unbedeutenden Anlässen zerbricht. »Ich habe versucht«, sagte Simenon zu mir, »die tragische Seite im Alltag zu zeigen und in den banalsten Handlungen sichtbar zu machen . . . Ich habe Zeit meines Lebens nicht die Helden mit großen Gebärden, mit großen Tragödien gesucht, sondern ich nahm mir die kleinen Leute vor, gab ihnen eine heldenhafte Dimension, ohne ihnen ihre unbedeutende Identität und ihr kleines Leben zu nehmen. Ich glaube, dabei habe ich Gogol viel zu verdanken.«

Für ihn liegt eines der schwierigsten, aber auch reizvollsten Probleme darin, die inneren Kämpfe eines Menschen zu beschreiben. Er versucht mit äußerst sparsamen Mitteln die kaum wahrnehmbaren Stimmungsschwankungen seines Helden wiederzugeben, logisch scheinbar unerklärliche Vorgänge zu erklären, in das Allerinnerste des unbeständigen menschlichen Ichs einzudringen, den Menschen in seiner ganzen Blöße, einen Charakter in seiner Entwicklung zu zeigen.

»Der Mensch schwebt nicht im Raum, er ist auch kein reiner Geist. Er ist ein Ganzes, er hat einen Körper, mitten in einem Universum, in dem sich die Farben, die Gewichte, die Gerüche ändern. Dem Zustand dieses Universums entsprechend entwickelt sich der Mensch, reagiert er unterschiedlich, und das ist es, was ich deutlich machen will«, sagt Simenon, »deshalb ist es so wichtig für mich, den Leser die spezifische Besonderheit des Milieus, in dem der Held lebt, fühlen zu lassen.« Auch dies, so meint er, verdankt er den russischen Schriftstellern, vor allem Čechov, seinem ›Hauptautor‹*.

Simenon umschreibt die Bedeutung Čechovs so: »Bei ihm finde ich beinahe alle meine Ziele verwirklicht, nur besser. Vor allem seine Art, die Menschen zu sehen, die ich übernommen habe oder schon von mir aus hatte (welche Rolle äußere Einflüsse oder persönliche Eigenart spielen, ist immer ungewiß). Ich glaube, Čechov ist der erste in der Literatur, der, statt den Menschen als Wesenheit, als in sich vollständige Einheit zu nehmen, ihn in seinem Rahmen und im Auf und Ab des Lebens sieht. In einem Stück von Čechov nimmt man außer den Personen auch alle psychischen Zustände dieser Personen wahr, die von den Begegnungen oder Jahreszeiten, von den Beziehungen zu anderen Menschen oder zur Natur abhängen, und dadurch bekommen sie eine dritte Dimension. Čechovs Person ist

* Eine Čechov-Werkausgabe liegt vor in den Diogenes Taschenbüchern detebe 50/1-xx).

vollständig; der Autor versucht nicht sie zu erklären, sondern läßt sie in ihrer Komplexität auf uns wirken.«

»Im Gegensatz zu den Personen bei den meisten Romanciers kennt sich die Person bei Čechov selber nicht ganz, sie ist auf der Suche nach sich selbst, so wie jeder von uns im Leben auf der Suche nach sich selber ist.«

Die Menschen in den gesellschaftspsychologischen Romanen Simenons versuchen sich zu erkennen, ihr Leben wie die Rolle, die ihnen in der Gesellschaft zukommt, unvoreingenommen zu beurteilen. Die Einsamkeit, das Gefühl, nicht verstanden zu werden, die Entfremdung, diese schmerzlichsten menschlichen Empfindungen liegen den schweren und unlösbaren Konflikten in den Romanen Simenons zugrunde.

Die Einsamkeit ist wie ein Gefängnis, aus dem seine verängstigten und unglücklichen Menschen zu fliehen versuchen. Sie sehnen sich nach Mitgefühl, nach moralischer Unterstützung, nach Freundschaft, nach Liebe, aber sie können ihren eigenen Egoismus ebenso schwer überwinden wie die Zurückhaltung und Gleichgültigkeit ihrer Umgebung.

Die ›harten‹ Romane Simenons behandeln eine Krisenzeit im Leben eines Menschen, der am Rande seiner selbst ist. Der Schriftsteller versucht den Ursachen und Umständen auf den Grund zu gehen, durch die der Held sein moralisches Gleichgewicht verlor, die seine Lebensgewohnheiten einschneidend verändern und ihn zu entscheidenden Taten treiben, die schließlich seine ganze Existenz auf den Kopf stellen. Diese Taten bewirken oft einen Bruch mit der Umwelt, stoßen traditionelle Verhaltensweisen um und führen zu verbrecherischen Handlungen. Simenon definiert seine Romane als Romane einer Krise, als Romane akuter Konflikte, die kurzfristig das ganze Leben eines Menschen verändern können.

Diese Romane Simenons sind wie Tragödien, in denen in ein paar Stunden das ganze Leben eines Menschen vor dem Zuschauer abläuft. Der Höhepunkt dieser Romane, der sie in die Nähe einer Tragödie bringt, kommt mit einer plötzlichen Erkenntnis des Helden daher, mit einem schweren Schock angesichts der grausamen Wirklichkeit, die sich ihm zeigt. Diese Erkenntnis steigert die dramatische Spannung, löst eine Reihe von Fragen aus, die der Held vor allem vor dem Tribunal seines Gewissens beantworten muß, wodurch er zu einer Revision der Werte kommt.

Unter diesem Gesichtspunkt müssen *Der Präsident* und *Die Glocken von Bicêtre* erwähnt werden, beide geistesverwandt mit *Der Tod von Ivan Iljitsch*, einer der von Simenon am meisten geschätzten Erzählungen Tolstojs.

Die moralische Krise, die die Gestalten Simenons durchmachen, läßt in ihnen ein vorübergehend verlorengegangenes oder noch unbewußtes Gefühl moralischer Verantwortung sich selber und anderen gegenüber, ein Gefühl der Anteilnahme am Leben des anderen entstehen.

Spricht man Simenon auf das ganze Problem der Moral in seinem Werk an, so betont er den Einfluß Dostojewskijs.

»Dostojewskij . . . ist ein Konzentrat an Menschlichkeit, das sich plötzlich in ungefähr zehn Romanen, lauter Meisterwerke, niederschlug. Deshalb kann jeder, je nach Nationalität und Neigung, bei ihm Anleihen machen . . . Ich glaube, wenn man sich irgendeinen Schriftsteller von heute vornimmt und ihn analysiert, findet man immer eine Parallele zu Dostojewskij, vorausgesetzt, dieser hat (wie Shakespeare auch) alle Situationen, in die ein Mensch geraten kann, behandelt. Meiner Meinung nach hat er vor allem zu einer neuen Interpretation des Schuldgedankens beigetragen. Schuld ist nicht mehr ein einfacher, klarer Tatbestand, wie er in den Strafgesetzbüchern steht, sondern wird zum persönlichen Konflikt eines jeden einzelnen.«

Sehr oft kommt bei Simenon auch das Problem vom Fall und Neubeginn eines Menschen vor, auf das er ebenfalls bei Dostojewskij gestoßen ist. Mit dieser Frage beschäftigt er sich in *Der Schnee war schmutzig**, einem seiner besten Romane über die Jugend während der Besatzungszeit, und in *Les quatre jours du pauvre homme*, einem Roman über einen eigentlich guten Kerl, der in der modernen Gesellschaft zum Verbrecher wird.

Die westliche Kritik betont oft die Freudschen Motive in den Romanen Simenons, er aber sagt: »Ich habe nicht alle Ideen von Freud übernommen. Ich glaube, die Sexualität ist sehr wichtig, aber ich glaube nicht, daß sie genügt, um alle Probleme zu lösen und alle menschlichen Verhaltensweisen zu erklären. Ich glaube auch, daß Freud der Frage des Inzests und dem Ödipuskomplex zuviel Bedeutung beigemessen hat. Freud hat dem Denken, der Forschung ungeheure Horizonte eröffnet. Der Einfluß Freuds auf die Literatur ist verhängnisvoll ... Leider! Es ist wie bei einer Gebrauchsanweisung ... In Amerika hört man Vorlesungen über den Roman und lernt dabei die Gestalten mit Freudschen Begriffen zu interpretieren. So daß es also Dutzende amerikanischer Schriftsteller gibt, die sich ähnlich sind, man begegnet den gleichen Motivationen, den gleichen Reaktionen ... Freud entlehnte viele seiner Gedanken bei Dostojewskij. In einem Brief schrieb Freud, er sei bei der Lektüre Dostojewskijs auf den Gedanken der Psychoanalyse gekommen. Ohne ihn würde es die

---

* Erschienen im Diogenes Verlag 1972 (detebe 135/2).

Psychoanalyse vielleicht nicht geben. Wenn ich überhaupt von jemand beeinflußt wurde, dann eher von Dostojewskij als von Freud.«

»Manche Kritiker«, sagt Simenon, »machen aus mir einen tragischen Schriftsteller, werfen mir meinen Pessimismus vor und daß viele meiner Romane nicht gut ausgehen und viele meiner Gestalten Unglückliche, Versager, Verbrecher sind. Aber vielleicht ist die Welt in vielerlei Hinsicht deswegen unvollkommen, weil es den Tod gibt.

In der Gesellschaft, in der ich lebe, geschehen viele Verbrechen. Nur wenige Menschen, nur die stärksten und widerstandsfähigsten, können sich ein dem Menschen angemessenes Leben schaffen. Aber ich bin überzeugt, daß die Zeit kommen wird, in der das Wort ›Verbrecher‹ verschwinden wird. Dann werden nicht mehr Beamte und Geschworene, sondern Kommissionen aus Ärzten, Psychiatern und Psychologen darüber entscheiden, was mit dem Verbrecher geschehen soll.

Ich bin ein großer Optimist und ich liebe den Menschen, ich liebe ihn leidenschaftlich. Weil er so klein ist... Gerade seine Schwäche ist es, die ich an ihm liebe, denn in dieser Schwäche zeigt sich die enorme Anstrengung, die er gemacht hat und weiter machen wird. Es ist bewundernswert, daß er sich nie entmutigen läßt... Stellen Sie sich vor, wie oft er in der Geschichte Anlaß gehabt hätte, entmutigt zu sein, sich zu sagen, daß es nicht der Mühe wert ist, Kinder in die Welt zu setzen und diese Rasse zu erhalten. Aber nein! Jedesmal hat er weitergemacht und er macht weiter, geht seinen Weg immer geradeaus.«

Simenon sagt, er setze große Hoffnungen in die Jugend, ihr gehöre die Zukunft. Man darf sie nicht vergessen. Wir müssen sie auf die Zukunft vorbereiten. »Man muß die Ursachen der Unzufriedenheit herausfinden, der Auflehnung und der tiefen Trauer, die die Jugend empfindet. In allen westlichen Ländern protestiert die Jugend unterschiedlich gegen die moderne Lebensweise, gegen den Konsum, gegen das Kapital. Wir müssen uns mit unserer eigenen Jugend auseinandersetzen, in der es so viele Krisen gegeben hat: die Auflösung der Familien, der Niedergang der väterlichen Autorität, die Revision der Wertvorstellungen, die auf der Barbarei des Faschismus und des Zweiten Weltkriegs gründen.

Wie sollen wir unserer Jugend helfen? Ich glaube, das wichtigste Vermächtnis, das wir unseren Kindern hinterlassen können, ist, sich nicht mehr zu hassen, oder wenn man so will, den Krieg und jede Gewalt zu verabscheuen. Das, was ich meinen Kindern beibringen möchte, ist eine gewisse menschliche Würde. Ich glaube, sie besteht darin, in Frieden mit sich selber zu leben, denn diesen Frieden erreicht man nur, wenn man seine Pflicht gegenüber dem Nächsten erfüllt hat. Der Beruf Mensch ist schwierig.«

Deutsch von Renate Nickel

Georg Hensel
Simenon und sein Kommissar Maigret

1973

Wer war zuerst da: der Kommissar Maigret oder der Schriftsteller Simenon? Wer von beiden hat den anderen erfunden? Diese Frage scheint unsinnig, doch wer war schon Simenon, bevor es Maigret gab? Simenon war damals nicht mehr als ein unbenutzter Name hinter mehr als einem Dutzend Pseudonyme, unter denen ganze Serien von Trivialromanen erschienen sind.

Maigret hieß der Zopf, an dem sich Simenon aus diesem Morast zog. Indem er Maigret erfand, erfand er einen neuen Autor, der ihm so gut gefiel, daß er ihn auf seinen Geburtsnamen taufte: Georges Simenon.

Das war 1930. Simenon und Maigret haben 42 Jahre lang aneinander gearbeitet, und dabei sind sie beide zu Legenden geworden. Im Februar 1972 hat sich Georges Simenon mit seinem Roman *Maigret und Monsieur Charles* getrennt von Kommissar Maigret und vom Schreiben überhaupt. Am 13. Februar 1973 ist Simenon 70 Jahre alt geworden, und ein paar Tage vorher hat er sein, wie er sagte, ›letztes Interview‹ gegeben, dabei erklärte er dem französischen Journalisten Henri-Charles Tauxe, daß *Maigret und Monsieur Charles* sein letzter Roman bleiben wird.

Georges Simenon hat sein Haus in Epalinges verlassen, sein Personal entlassen, außer seiner Haushälterin, die eine vorzügliche Köchin ist. Er ist in eine aus zwei Appartements bestehende Wohnung in Lausanne gezogen, und dorthin hat er aus seinem Haus nur ein einziges Bild und ein paar Möbel mitgenommen. In seinem letzten Interview sagte er: »Ich habe 214 Bücher veröffentlicht, nun will ich Atem holen.«

Damit wäre das Leben des Kommissars Maigret zu Ende. In seinen Memoiren, die schon 1950 unter dem Titel *Les mémoires de Maigret* erschienen sind, erinnert sich Maigret, wie es mit Simenon angefangen hat, wie ihm 1927 oder 1928 Xavier Guichard, der Chef der Pariser Kriminalpolizei, einen jungen Mann, »etwa 24 Jahre alt«, vorstellte: »Monsieur Georges Sim, Journalist«, und wie der junge Mann, der eine besonders dicke Pfeife rauchte, sofort protestierte: »Nicht Journalist, Romanschriftsteller.«

Dieser Sim, der morgens zwischen vier und acht Uhr für seinen Lebensunterhalt Kitschromane schrieb, hatte dem Chef der Kriminalpolizei versprochen, in einer Reihe von Romanen die Polizei so zu schildern, wie sie wirklich ist, und erhielt deshalb die Erlaubnis, die Methoden Maigrets zu studieren.

Über den Gegenstand seiner Studien hatte der »äußerst unbefangene« junge Mann ganz bestimmte Vorstellungen: Vorschläge Maigrets, die anthropometrische Abteilung oder Akten anzusehen, lehnte er ab – er interessierte sich statt dessen für das Wartezimmer der Klienten, für das Lazarett des Untersuchungsgefängnisses, für Maigrets Büro mit seinen Tabakpfeifen, Aschenbechern, der schwarzen Marmoruhr auf dem Kamin, dem Emaillewaschbecken im Schrank und dem Handtuch, das, wie er oft und gern feststellte, »immer nach nassem Hund riecht«.

Berufsverbrecher langweilten ihn, denn – so meinte er – »ihre Psychologie wirft keine Probleme auf«. Unverblümt sagte Sim zu Maigret, ihn interessierten jene

Verbrecher, »die Menschen sind wie Sie und ich und die schließlich eines schönen Tages jemanden ermorden, ohne sich darauf vorbereitet zu haben«.

Mit anderen Worten: Sim interessierte sich für die Polizei nur insofern, als die professionell auf Menschen stößt, die extreme, gemeinhin als Verbrechen bezeichnete Handlungen begangen haben. Von Anfang an war der Weg vorgezeichnet, der Simenon vom Polizei-Roman, dem ›Maigret‹, zum psychologischen Roman, dem ›Psycho‹, führen wird.

Maigret erinnert sich in seinen Memoiren: »Ich sehe Simenon noch vor mir, wie er am Tage nach dem Erscheinen seiner ersten beiden *Maigret* in mein Büro kam. Er wirkte noch selbstzufriedener und selbstsicherer, wenn das überhaupt möglich war, als zuvor.«

Und wenn Maigret nun konstatiert: »Aus Sim war Simenon geworden«, so bezeichnet er damit die Geburtsstunde des Autors Simenon, den es vor Maigret nicht gegeben hat.

(. . .)

In *Maigrets Memoiren** hat sich Georges Simenon zu einer realen Erinnerung seines fiktiven Kommissars Maigret gemacht. Er hat Schöpfer und Geschöpf, Realität und Fiktion vertauscht und sich selbst aus der Sterblichkeit des menschlichen Daseins in die kleine Unsterblichkeit einer literarischen Erfindung erhoben. Wenn wir Maigret glauben dürfen, so hat sich ihm Simenon angeglichen. Doch hat sich umgekehrt auch der Kommissar Maigret dem Psychologen Simenon genähert. Aus dem Menschenjäger ist ein Menschenversteher geworden. Es gibt Maigret-Romane, in denen sich der Kommissar damit begnügt, eine

---

* Erscheint in neuer Übersetzung 1979 im Diogenes Verlag.

Tat zu begreifen – den Täter läßt er, seine Beamtenpflicht gröblich verletzend, einfach laufen.

Maigret handelt in solchen Fällen wie Simenon in seinen psychologischen Romanen: was er versteht, das kann er nicht verurteilen. In den ›Psychos‹ kommt Maigret nicht vor, weil Simenon seine Rolle des sich einfühlenden Milieu- und Seelendetektivs übernommen hat. So liegt es nahe, daß Simenon seine psychologischen Romane zunächst die »Non-Maigret« nennt, erst später spricht er von seinen »wahren«, seinen »harten« Romanen.

Maigret ist ein Mythos, und Mythen sind statisch: sie dürfen abgewandelt, nicht grundsätzlich verändert werden, sonst verlieren sie ihre Kraft. Immer wieder wollen wir lesen, daß Maigret von seinem Büro am Quai des Orfèvres beobachtet, wie auf der Seine die Schlepper ihren Schornstein senken, wenn sie unter dem Pont Saint-Michel durchfahren; daß zu den Dauerverhören belegte Brote und Bier von der Brasserie Dauphine geholt werden; daß Frau Maigret geblümte Hauskleider trägt und ihren Mann mit Essen und Schweigen verwöhnt; daß Maigrets Schwägerin alljährlich aus dem Elsaß Pflaumenschnaps mitbringt.

Ungern erfahren wir in *Maigrets Memoiren*, daß dieser Pflaumenschnaps ein Irrtum Simenons ist: Maigret weiß es besser, es handelt sich um Himbeergeist. Fast schon gequält haben wir uns damit abfinden müssen, daß man am Quai des Orfèvres auf Zentralheizung umgestellt und Maigret damit die Möglichkeit genommen hat, bei Nachtverhören in der erkalteten Asche des Kanonenofens zu stochern.

Über Maigret nichts Neues – dies ist für den Maigret-Leser die wichtigste Neuigkeit. Nichts wäre Maigret unbekömmlicher als Originalität. Seine Größe ist der Routine-

Fall in einem Routine-Roman: In ihm erkennt sich der Mensch wieder, der ja durch Herkunft, Wesen und Ende auch nichts anderes als Routine ist.

Auf dem Weg vom ›Maigret‹ zum ›Non-Maigret‹ werden die letzten Reste von angelsächsischer Faszination durch logische Schlußfolgerungen abgelegt, und an die Stelle der kriminalistischen Überführung tritt die Psychologie der Lebensbeichte.

Simenon führt seine Leser zu dem Geständnis, daß es keine kriminellen Menschen gibt – nur kriminelle Handlungen, sie werden von ganz normalen Menschen begangen, die schließlich, wie es der 24 Jahre alte Sim schon dem Kommissar Maigret erklärt hat, »eines schönen Tages jemanden ermorden, ohne sich darauf vorbereitet zu haben«.

Von diesem Thema kam Simenon nicht los: Es beherrschte noch 1971 *La cage de verre*, einen psychologischen Roman, der, schlicht gesagt, klassisch ist . . .

Klassisch ist die Klarheit der Konstruktion. In einem Glaskäfig sitzt ein Korrektor in der Druckerei und in seinem Privatleben, unfähig zur Leidenschaft, Liebe, zum Glück, zum bloßen Kontakt – dies ist das Thema.

Das Gegenthema beobachtet der Korrektor aus der Distanz: sein Schwager erschießt sich auf der Treppe zur Wohnung seiner Geliebten. – Die Themen berühren sich: Durch die Geliebte des Schwagers ahnt er, daß auch er seinen Glaskäfig verlassen könnte. – Es folgt die Durchdringung und Variation der Themen: Eine neue Nachbarin will ihn aus dem Glaskäfig holen, den man längst als die Voraussetzung seines Lebens begriffen hat – so bleibt ihm nichts anderes übrig als sie, die erste Frau, die er liebt, zu töten.

Diese einfache Geschichte ist reich instrumentiert in den

Seitenthemen, über die man nicht referieren kann, ohne sie zu vergröbern. Durch ihre Durchschaubarkeit erscheint die Konstruktion als unabänderlich und notwendig.

Unter Simenons ›harten‹ Romanen mag der *Glaskäfig* der zweihundertste sein. Andere Autoren schreiben sich mit den Jahren aus. Je mehr Simenon geschrieben hat, desto besser ist er geworden. So ist es höchste Zeit auszusprechen, daß er einer der großen Autoren unseres Jahrhunderts ist. Schon André Gide hielt ihn für den Balzac unseres Jahrhunderts, und Hermann Graf Keyserling war bereits 1931 derart fasziniert von Simenons Produktivität, daß er ihn nach Darmstadt einlud, drei Tage und drei Nächte lang ausfragte und danach eine erstaunlich hellsichtige Formulierung für ihn fand: Keyserling nannte ihn einen ›imbécile de génie‹, dumm vor Genie, wie Simenon nicht ohne Stolz berichtet hat.

Klassisch ist die Klarheit seiner Prosa: lauter einfache Sätze, und jeder Satz stellt etwas Neues fest und bringt die Geschichte weiter. Simenon reiht Fakten aneinander: Die Schlußfolgerungen werden dem Leser überlassen.

Kein Leser kann die von Simenon provozierten Schlußfolgerungen ziehen, ohne sich selbst so nüchtern zu sehen, wie Simenon seine Personen: Wer Simenon liest, der wird gezwungen, sich selbst zu ertappen. Seinen Lesern fügt Simenon den wollüstigen Schmerz zu, der mit Selbsterkenntnis verbunden ist.

Wer im 21. Jahrhundert erfahren will, wie im 20. Jahrhundert tatsächlich gelebt und gefühlt worden ist, der muß Simenon lesen. Andere Autoren mögen mehr als er wissen über die Gesellschaft. Über den einzelnen Menschen weiß keiner so viel wie er.

So ist es kein Wunder, daß man ihn oft mit einem Arzt verglichen hat, und zu Ärzten unterhält schon sein Kommissar Maigret ein gutes Verhältnis. Mit Dr. Paul, dem Gerichtsarzt am Quai des Orfèvres, spricht er wie mit einem Vertrauten, und der einzige Mensch, den er mit Frau jeden Monat einmal besucht und einmal einlädt, ist Dr. Pardon. Bei diesem Pariser Arzt gibt es den fetten, schweren Reiskuchen, von dem es so trefflich heißt, daß er »das Friedlich-Behagliche, aber ein wenig Öde dieser Zusammenkünfte unterstrich«.

Maigret, der wie alle begabten Bauernkinder entweder Arzt oder Anwalt werden sollte, hat sein Medizinstudium nach zwei Jahren abgebrochen und ist beides geworden: der Kriminalkommissar, von dem es oft und in *Maigret und der Minister** wörtlich heißt: »Er kam sich wahrlich wie ein Arzt vor, den man in höchster Not gerufen und in dessen Hände der Patient sein Schicksal gelegt hat.«

Den Kommissar Maigret, der 1931 in der Librairie Arthème Fayard die Spur des Verbrechens aufgenommen hatte, gab es schon sieben Jahre, als Georges Simenon 1938 in der N. R. F. den Geschichtenband *Le Petit Docteur* herausbrachte, der sich liest wie ein Prolog zu Maigret, es ist aber ein Seitensprung: ein Gedankenspiel mit einem Landarzt: er überträgt – wie Maigret – Prinzipien des ärztlichen Berufs auf Kriminalfälle und entwickelt sich dabei notgedrungen zu einem Verwandten Maigrets.

Äußerlich ist der kleine und magere Jean Dollent, der im Bauerndorf Marsilly praktiziert, zehn Kilometer von La Rochelle, dem Kommissar Maigret gar nicht ähnlich. Der ›kleine Doktor‹ flitzt sogar in einem Kleinwagen durch die Gegend, während es Maigret stets abgelehnt hat, auch nur den Führerschein zu machen. Als aber Dollent in der ersten Geschichte *Die Konsultation ohne Kran-*

* Erschienen im Diogenes Verlag 1978 (detebe 155/5).

ken gerufen wird, findet er eine Leiche statt eines Patienten vor, und eine Leiche markiert präzise die Grenze, an der die ärztliche Bemühung endet und die kriminalistische Arbeit beginnt.

»Der kleine Doktor«, so erzählt Simenon, »merkte gar nicht, daß er im Begriff war, eine Untersuchung durchzuführen, und daß diese Untersuchung geradezu beängstigend einer polizeilichen ähnelte.« Dollent überschreitet die Grenze, schon nach wenigen Seiten sucht er wie ein polizeilicher Profi nach dem Mörder bei Friseuren und Fahrradhändlern, in Cafés, Bars und Bordellen, und als er den Täter hat, läßt er ihn laufen – so handelt in seinen menschlichsten Augenblicken auch Maigret: Verstehen genügt; es ist besser als bestrafen.

»Der kleine Doktor ist kein Detektiv«, konstatiert einer seiner Bekannten, »er löst Rätsel, und das ist etwas anderes.« In dem bei Diogenes in Zürich erschienenen Erzählungs-Bändchen *Der kleine Doktor** dringt der kleine Doktor bis Paris vor, ja bis zur Kriminalpolizei am Quai des Orfèvres, und dort läßt er im Schlußteil einer Untersuchung belegte Brötchen heraufbringen, als sei er Kommissar Maigret persönlich.

Maigret allerdings ist nicht anwesend, eine Begegnung der beiden Rätsellöser findet nicht statt, die Untersuchungen werden von Kommissar Lucas geführt, und der läßt dem kleinen Doktor freie Hand. Anwesend ist Maigret nur im Geist des kleinen Doktors, der wie der große Kommissar in einer Aura des Unheils und des unabwendbaren Verhängnisses plötzlich ganz sicher wird, daß er auf dem Weg zur Wahrheit ist, und dies ist – wie bei Maigret – eine »moralische und nicht eine materielle Gewißheit«.

---

* Erschienen in der Diogenes Erzähler Bibliothek 1971.

In den Geschichten vom *Kleinen Doktor* träumt Simenon der Vergangenheit seines Kommissars Maigret nach: jenem Augenblick, da wie ein Schmetterling aus der Larve plötzlich dem Arzt ein Kriminalist entschlüpft mit der merkwürdigen Fähigkeit, »die einfache menschliche Wahrheit herauszuschälen«. Es ist die besondere Fähigkeit Maigrets.

Georges Simenon ließ den kleinen Doktor fallen, als er das Format Maigrets erreicht hatte. Er entwickelte Maigret weiter, der am Pariser Quai des Orfèvres naturgemäß mehr Möglichkeiten zur Serienfigur besitzt als der Landarzt von Marsilly.

Maigret lehrt uns, den Verbrecher zu verstehen. Der kleine Doktor lehrt uns, Maigret zu verstehen.

Zum Verstehen gehört sehr viel Mut – Simenon hatte ihn. Zu seinen Lieblingsthemen, die er in Abständen von ungefähr zehn Jahren immer wieder aufgriff, gehörte die Flucht. Er definierte sie in einem Interview, das er der Zeitschrift *Paris Review* gab, mit dem Halbsatz: »Von einem auf den andern Tag sein Leben vollständig umkrempeln, ohne Rücksicht auf alles, was vorher gewesen ist, einfach abhauen.« In seinem Roman *Le train* hat Simenon 1961 die Erlösung durch Flucht am schärfsten formuliert: ein durch den Krieg, durch das Eindringen deutscher Truppen 1940 aus seiner Bürgerpflicht gerissener und seiner Familie entflohener Mann genießt die Anarchie der Evakuierung und der Flüchtlingslager mehr, als er das Elend des Krieges und den Tod fürchtet. Der Krieg als Entertainer durchaus unsadistischer Bürger – wer außer Simenon hat es gewagt, solche Wahrheiten zu schreiben?

Wichtig ist nicht Simenons Verständnis für Probleme, sondern für Menschen, die unfähig sind, ihre Probleme zu lösen. Simenon ist das Genie des Ungenialen. Er ist der illusionslose Verkünder der unfrohen Botschaft, daß der Mensch meist unglücklich und oft untröstlich ist: Das Glück des Simenon-Lesers ist die Kommunikation mit dem allgemeinen Unglück.

Simenon, dieser kleinbürgerliche Sophokles des 20. Jahrhunderts, folgt seiner Überzeugung, »daß die Tragödie unserer Zeit der Roman ist«: Er hat den König Oedipus im Gemüsehändler entdeckt. Simenon ist der letzte Tragiker in einer Welt, die sich die Tragödie verboten hat, weil sie sich davor fürchtet, ihre Illusionen zu verlieren.

Maigret ist ein Mythos, und Simenon ist es nicht minder. Wie man über Maigret immer wieder die gleichen Geschichten lesen will, so über Simenon: daß er im Jahr vier bis sechs Romane schreibt; daß er zu jedem Roman höchstens elf Tage braucht, ›Maigret‹-Romane gehen etwas rascher; daß er den Arzt konsultieren muß, ob er körperlich in der Verfassung ist, die elf Tage durchzuhalten, denn einen abgebrochenen Roman könnte er nicht zu Ende schreiben; daß er die Namen seiner Sammlung von Adreßbüchern entnimmt, die Straßen auf Stadtplänen kontrolliert, vorbereitete Notizen auf gelben Briefumschlägen macht und in mönchiger Abgeschiedenheit, oft im Bad eines Hotelzimmers schreibt; daß er beim Durchlesen der ersten Fassung jeden besonders schönen Satz, der auf Effekt gearbeitet ist, herausstreicht, denn seine Prosa soll sein »wie von einem Kind geschrieben« – er hat dies von der Colette gelernt, die über seine frühen Kurzgeschichten sagte: »Hören Sie, das ist zu literarisch, viel zu literarisch.« Simenon lernte den Mut, immer wieder Sätze aufs Papier zu bringen wie:

»Bei allen Untersuchungen gibt es einen Punkt, und man weiß dann nicht, wie es weitergehen soll... Ein wenig später ging er durch die Tür, die die Kriminalpolizei mit dem Justizpalast verbindet ... Das ist eine alte Gewohnheit von mir und hat mich oft auf eine Spur gebracht ... Ich muß Ihnen gestehen, ich tappe noch immer im dunkeln ... Maigret duzte ihn plötzlich ... Es regnete immer noch, und man sah glänzende Schirme auf den Gehsteigen ...«

Diese Sätze sind nicht nur Kilometersteine am Wegrand einer Geschichte, sie markieren nicht nur den Abstand vom Ziel, sie haben eine noch wichtigere Funktion, sie signalisieren: Hier, Leser, bewegst du dich in vertrauten Bezirken, hier bist du zu Hause, im Arrondissement Maigret.

Zu Hause sein, das heißt bei Simenon freilich immer: vertraut sein auch mit dem Unheimlichen. Simenon ist in seinem Leben, wie er erzählte, nicht weniger als dreißig Mal umgezogen: immer dann, wenn er sich »zu Hause« plötzlich fremd fühlte. Fremd und unheimlich war es ihm, als er sich seinem 60. Geburtstag näherte. In den Jahren 1960, 1961 und 1962 kam er sich so alt vor, daß er anfing, in Schreibheften eine Art Tagebuch zu führen: lauter unprätentiöse Sätze über sein Leben, seine Arbeit, seine Ansichten. Daraus ist ein dickes – sein umfangreichstes – Buch geworden. 1970 hat er es im Verlag der Presses de la Cité veröffentlicht unter einem Titel, der so kapriziös ist, daß er zu Simenon, diesem Meister der Simplizität, eigentlich gar nicht paßt: *Quand j'étais vieux – Als ich alt war.*[*]

Als das Buch auf den Markt kam, war Simenon 67 und – wie er im Vorwort vermerkt – schon lange nicht mehr so alt wie zehn Jahre vorher. Längst spürte er nicht mehr das Bedürfnis, Tagebuch zu führen, und die unbenutzten Hefte hatte er seinen Kindern geschenkt.

In *Als ich alt war* betrachtet der alternde Simenon auch

---

[*] Deutsch erschienen 1977 im Diogenes Verlag.

den Mythos Simenon: Uneitel, distanziert, sachlich, wie es seine Art ist. Er beobachtet, wie Journalisten, die ihn besuchen, an diesem Mythos arbeiten, indem sie den Mythos einfach bestätigen: Was er ihnen auch erzählt, zwei Tage oder eine ganze Woche lang, und welche Dokumente er ihnen auch zeigt, er weiß schon vorher, daß der Artikel, den sie schreiben, immer wieder der gleiche sein wird mit den gleichen Fotos und den gleichen Irrtümern.

Das Bedürfnis, über Maigret immer wieder das gleiche zu lesen, hat offenbar längst auf Simenon übergegriffen. Wie Maigret in *Maigrets Memoiren* die Legende korrigiert, die Simenon aus ihm gemacht hat, so versucht Simenon in *Als ich alt war*, die Legende zu korrigieren, zu der er geworden ist.

So werden ihm 500 Romane nachgesagt: das wären pro Jahr zehn, und um dies zu schaffen, müßte Simenon ein Schriftsteller sein, dem das Schreiben leichtfällt. In *Als ich alt war* macht er Bilanz: Für jeden seiner frühen Gebrauchsromane hat er drei bis vier Tage gebraucht; von seinen Maigret-Romanen hat er ein Dutzend im Jahr geschrieben: von seinen ›Psychos‹ sechs im Jahr, und dies fast zwanzig Jahre lang. Er ist, meint er, kein Schriftsteller *(écrivain)*, sondern Erzähler *(romancier)*, und der Romancier, behauptet er, kenne das Vergnügen des Schreibens nicht.

Er wird nicht müde zu versichern, wie schwer ihm das Schreiben fällt. »Ohne Notwendigkeit«, behauptet er, »habe ich nie geschrieben«, nicht einmal Briefe. Die einzige regelmäßige Korrespondenz seines Lebens hatte er mit André Gide, und sie wurde geführt auf Gides Wunsch.*

* Deutsch erschienen 1977 im Diogenes Verlag.

Immer wieder wird er von André Gide bis Boileau-Narcejac mit Balzac verglichen. Begeistert aber haben ihn – in dieser Reihenfolge – russische, englische, amerikanische Autoren, die französischen stehen an letzter Stelle, und von den deutschen nennt er nur Goethes *Dichtung und Wahrheit.*

Von Balzac distanziert er sich: Bei Balzac ist das Geld die Ursache der meisten Konflikte, Simenon aber zieht die Seele vor: Sigmund Freud war ihm wichtiger als Balzac. Und über Gide, der seine Bücher unermüdlich gelesen, mit Randbemerkungen vollgeschrieben und gerühmt hat, schreibt er: »Versucht, Gide zu lesen, dessen Freund ich geworden bin. Habe es nicht gekonnt. Und ich habe es ihm nie gesagt.«

Die Einsamkeit, die ihm nachgesagt wird, gilt nur für die Stunden des Schreibens: »Ich gehöre zu den Menschen, die am wenigsten fähig sind, allein zu leben.« Die Bürgerlichkeit, die sein geregeltes Leben zu bezeugen scheint, hält er für Fassade und vermerkt über Henry Miller, der ihn besucht: »Ein Bohemien, gewiß, eine Art Anarchist, doch viel weniger als ich, der ich nach außen hin wie ein Bourgeois erscheine.«

Der Pessimismus seiner Bücher, wo bleibt er, wenn Simenon zwei Druckseiten lang Gründe dafür aufführt, weshalb er glücklich ist, zu Beginn des 20. Jahrhunderts geboren zu sein. Zwei Kriege, zwei Okkupationen, die ihm schlimmer als Kriege erscheinen, sie hindern ihn nicht am Fazit: »Ich bin ziemlich zufrieden mit meiner Epoche« und »Ich glaube an den Menschen, auch wenn meine Vernunft...«, und an dieser Stelle bricht der Satz mit drei Punkten ab.

Die drei Punkte nach »Vernunft« setzen sich durch, sobald Simenon Romane schreibt. An seinem 58. Geburtstag notiert er: »Wie fast immer vor Beginn verspreche ich mir: ein optimistischer Roman. Wohlverstanden, kein konventioneller Optimismus. Ein Roman, der nach Leben schmeckt. Dann aber beim Schreiben . . .« Und da sind sie wieder, die drei Punkte, mit denen sich der optimistische Bürger Simenon unausgesprochen über den pessimistischen Romancier Simenon wundert.

Nun also soll dies alles zu Ende sein? Henri-Charles Tauxe, seinem letzten Interviewer, hat Simenon erzählt, daß er seit November 1971 häufig Schwindelanfälle hat, die ihm das Schreiben verleidet haben. Den letzten gelben Briefumschlag, den er am 20. September 1972 in Epalinges mit einer Romanskizze und den Namen von Romanfiguren versehen hat, wird er nicht mehr verwenden. Simenon sagte wörtlich: »Die Schreibmaschine wird verschwinden, sie ist nun zu nichts mehr nütze.«

Ist dies wirklich das Ende? Oder ist es nur abermals eine Krise? Schwere Krisen sind Georges Simenon nicht fremd. So war ihm vor dreißig Jahren von einem Röntgenologen die Diagnose gestellt worden, er habe nur noch zwei bis drei Jahre zu leben. Daraufhin schrieb er mit der Hand für seinen anderthalbjährigen Sohn Marc die Geschichte der Familie Simenon und seine Kindheitserinnerungen auf, denn der Junge würde dies auf andere Weise von ihm nicht erfahren können. André Gide, im unbesetzten Nizza lebte, wollte eine Kopie und riet Simenon, beim Abtippen das Erzählen in der ersten Person aufzugeben und dabei aus seinen Erinnerungen einen Roman zu machen. Aus der Handschrift wurde das Buch *Je me souviens**, aus der Schreibmaschinenfassung der Roman *Pedigree*.*

---

* Beide Bücher in Vorbereitung beim Diogenes Verlag.

Schon damals zog sich Simenon selbst aus der Krise. Autobiographische Bücher sind sein Hausmittel. Jetzt, 1973, hat er in seinem letzten Interview gesagt: »Ich möchte in einem Sessel sitzen und mir, ohne etwas zu betrachten, Geschichten erzählen, die ich sofort wieder vergesse.« Doch hat er auch eingeräumt: »Es ist nicht ausgeschlossen, daß ich hin und wieder für mich persönlich, zu meinem Vergnügen, etwas zu Papier bringe.« Aus solchen Aufzeichnungen aber, die Simenon nur für sich persönlich gemacht hat, sind keine autobiographischen, die Krise lösenden Bücher entstanden.

Simenons autobiographische Bücher sind gewiß nicht seine besten. Dennoch sind sie seinen Lesern willkommen. Denn wenn Simenons Legende vom Pflaumenschnaps aus dem Elsaß auch wichtiger ist als Maigrets Wahrheit vom Himbeergeist, so wollen wir die Wahrheit doch ebenfalls kennenlernen.

Gilbert Sigaux
Seine letzte Figur ist er selbst

1975

Einige Schriften im Werk Simenons gehören nicht in den Bereich der Fiktion – oder nur in einer ihrer Komponenten. Die Aufsätze über den Roman, die Reportagen und Vorworte nehmen selbstverständlich einen gesonderten Platz ein. Hier aber handelt es sich um eine andere Tendenz. Sie setzt 1938 mit *Trois crimes de mes amis* ein und läßt sich bis zum kürzlich erschienenen *Des traces de pas* verfolgen. Dazwischen liegen *Je me souviens* (1945), *Pedigree* (1948), *Als ich alt war** (1970), *Brief an meine Mutter*** (1974), *Un homme comme un autre* (1975) – an den letzten schließt sich, in Thema und Stil identisch, *Des traces de pas* an. Innerhalb dieses autobiographischen Bereichs gleichen sich nicht alle Werke – die Leser Simenons wissen das. Die Fiktion fehlt in *Als ich alt war* und in den folgenden Bänden. In den anderen ist sie genauso vorhanden wie die erlebte Wirklichkeit. Aber auch da gibt es Unterschiede und Abstufungen. Die Namen in *Trois crimes de mes amis* sind zwar erfunden, aber die Tatsachen stimmen im großen und ganzen. Die ersten Zeilen des Buches widerlegen die Bezeichnung ›Roman‹, wie es im Mai 1938 auf dem Einband zu lesen war.

Je me souviens hat eine Geschichte, die Simenon 1961 im Vorwort zur ersten Auflage erzählt hat. Im Dezember 1940 diagnostizierte ein Arzt irrtümlich Angina pectoris

---

* Deutsch im Diogenes Verlag 1977.
** Deutsch im Diogenes Verlag 1978.

bei ihm und sagte ihm, er habe noch zwei oder drei Jahre zu leben. Marc Simenon war achtzehn Monate alt. Sein Vater wollte ihm ein Buch mit seinen Erinnerungen, eine Art Testament hinterlassen. So entstanden zwischen dem 9. Dezember 1940 und dem 12. Juni 1941 die achtzehn Kapitel des ursprünglichen *Pedigree de Marc Simenon, avec le portrait de quelques oncles, tantes, cousins et amis de la famille ainsi que des anecdotes, par son Père* (Stammbaum von Marc Simenon, mit den Porträts einiger Onkels, Tanten, Cousins und Freunde der Familie sowie einigen Anekdoten, von seinem Vater). 1945 erschien das Buch unter dem vom Herausgeber ausgewählten Titel *Je me souviens* (Ich erinnere mich). 1961 wurde es neu aufgelegt mit dem oben erwähnten Vorwort und einem neunzehnten Kapitel, das am 18. Januar 1945 geschrieben worden war, und mit den in der ersten Auflage gestrichenen Passagen.

Die Konzeption von *Pedigree* fällt zeitlich zusammen mit der der letzten Kapitel von *Je me souviens*. Das Buch wurde in zwei Etappen geschrieben, der erste Teil 1941, der zweite und dritte Teil im Januar 1943. Die erste Auflage erschien 1948. Auf der letzten Seite stand: *Ende des ersten Bandes*. Es lag tatsächlich in Simenons Absicht, diese in Romanform gebrachte Autobiographie durch zwei weitere Bände zu ergänzen. Aber nachdem einige Personen sich in bestimmten Porträts zu erkennen glaubten und einen Prozeß anstrengen wollten, fand *Pedigree* keine Fortsetzung.

Die erste Neuauflage 1952 enthielt Kürzungen und Streichungen. 1958 waren diese Lücken ausgemerzt, der Text war durchgehend, denn überleitende Worte hatten die umstrittenen Passagen ersetzt. Dieser dritten Auflage wird ein Vorwort – geschrieben am 16. April 1957 –

vorangestellt, in dem Simenon erklärt, wie *Pedigree* aus *Je me souviens* hervorging: André Gide, der das Manuskript dieser letzten Fassung gelesen hatte, riet Simenon, nicht mehr in der Ich-Form weiterzuerzählen, sondern in der dritten Person, um es lebendiger zu gestalten... Indem Simenon von der einen zur anderen Ausdrucksweise überwechselte, stieg er von echten auf teilweise erfundene Memoiren um. Dichtung und Wahrheit, sagt er dazu. Und er erklärt: Die Kindheit Roger Mamelins, sein Milieu, der Rahmen, in dem er sich entwickelt, kommen der Wirklichkeit sehr nahe wie auch die Personen, die er beobachtet hat. Die Geschehnisse wurden zum großen Teil nicht erfunden. Aber vor allem bei den Personen nahm ich das Privileg für mich in Anspruch, Neues zu schaffen, indem ich von verschiedenartigem Material ausging und mich mehr an das Dichterische als an die Wahrheit hielt.

Pedigree ist ein zwiespältiges und aufschlußreiches Buch, eine Pflichtlektüre für jeden, der Simenon verstehen will. In ihm wird ein Milieu, werden Familien, eine Stadt, eine Kindheit geschildert, die der Leser unschwer in anderen Werken wiederfinden wird. Hundert Personen in *Pedigree* lassen sich wiedererkennen und identifizieren mit Personen aus früher oder später erschienenen Romanen. Das Buch wird so zu einer Art Rebstock, um den herum sich eine Anzahl lebendiger Wesen, Doppelgänger, Vorbilder für andere Geschöpfe winden. Es ist, als ob in ihm die Originale, die Matrizen zu finden sind und anderswo die Abzüge – wobei diese öfter gelungener sind als jene. Der Frank aus *Der Schnee war schmutzig** aber auch (neben anderen) Jean Chabot aus *La danseuse de Gai Moulin*

---

* Deutsch bei Diogenes 1977 (detebe 135/2).

(1931) und Jean Cholet aus *L'Ane rouge* (1933) – beide Romane haben eine gemeinsame Taktik – sind Brüder Roger Mamelins aus *Pedigree*. Und er steht nur als ein Beispiel unter vielen. Beinahe in jedem Roman Simenons vor 1945 – d. h. vor seinem Aufenthalt in Amerika – findet sich eine Person, ein Schicksal aus *Pedigree*, ein echter Mikrokosmos des Universums von Simenon.

Und wenn auch nach 1945 die Erfahrungen in Amerika, die sich seit *Drei Zimmer in Manhattan** auswirken, untrennbar mit der Weiterentwicklung des Werkes verbunden sind und für lange Zeit eine wesentliche Komponente darstellen, bleibt Simenon in dem verwurzelt, was sich in *Pedigree* abzeichnet.

Als ich alt war (1970) ist ganz anders. Es handelt sich um Tagebuchaufzeichnungen von 1960, 1961, 1962 – genauer bis zum 15. Februar 1963. Sie sind ein bißchen die Fortsetzung – nach einer Unterbrechung von vierzig Jahren – von *Je me souviens*. Aus dem Manuskript dieses handgeschriebenen Tagebuchs (*Pedigree* war mit der Maschine geschrieben wie fast alle seine Romane), das wenigstens zu Anfang ohne den Hintergedanken an eine Veröffentlichung geführt wurde, entstand nach einigen taktvollen Streichungen (Initialen ersetzen Namen) ein Buch. Ein unregelmäßig geführtes Tagebuch, ohne tägliche Aufzeichnungen, in dem sich Details aus dem Familienleben, Gedanken über einige Romane, Urteile über Bücher, Ansichten über oder Porträts von Henry Miller, Charlie Chaplin mit Schilderungen aus dem Leben in der Schweiz vermischen. Einfache Notizen, die vor allem um die Weihnachtszeit eine čechovsche Färbung annehmen. Aber hinter dieser Rekonstruktion des Alltags ist das Bild

---

* Deutsch bei Diogenes 1978 (detebe 135/7).

des Schriftstellers selbst von kapitalem Interesse. Hier zeigt sich Simenon, von dem in unzähligen Interviews ein nur fragmentarisches, was nicht heißt: ungenaues, Bild entstand, in einer tieferen, unbedingten Aufrichtigkeit. »Ich fühle mich als einer von jenen, die ihre Zeit damit verbringen, das Leben des Menschen zu verbessern, irgendeines Menschen, irgendeines menschlichen Wesens, oder auch irgendeines menschlichen Auswurfs.« Oder auch: »Ich liebe den Menschen, seine Geschichte.« Das ist der wahre Simenon, wie auch noch in anderen Sätzen oder Bekenntnissen. Und der aufmerksame Leser wird in diesem Spiegel, in dem sich ohne Vorbehalte ein Lebensabschnitt reflektiert, einige Geheimnisse des Menschen Simenon finden.

Schreibt er auch seit Ende 1972 keine Romane mehr, so hat er doch nicht aufgehört zu ›schreiben‹ – zu sprechen. Das Tonband hat die Schreibmaschine ersetzt, doch ist der Stil in *Brief an meine Mutter**, dem ersten der diktierten Bücher, der gleiche geblieben. Und er hat in seinem Manuskript nicht mehr durchgestrichen als in seinen Romanen, das heißt sehr wenig. Man erkennt den Atem wieder, den Rhythmus, seine Art zu schildern, zu inszenieren, zu fragen. Man weiß, daß dieser Text nicht nur der Bericht über die letzten Tage der Mutter Simenons ist, sondern auch – über diese persönliche Begegnung mit dem Tod – den Versuch unternimmt, eine Person, ein Schicksal zu verstehen. Das Porträt ist ohne jede Schmeichelei. Es widerspricht in mehr als einem Fall – Simenon erwähnt es – dem Porträt von Elise, der Mutter des Erzählers in *Pedigree*. Aber viele Seiten, auf denen die Erinnerung des Schreibers an seine Kindheit oder seinen

* Erschienen 1977 bei Diogenes.

Vater wach wird, könnte man in einer Parallele zu *Pedi-gree* und *Je me souviens* sehen.

In *Un homme comme un autre** sind die beinahe täglichen Diktate Simenons ab Anfang 1973 gesammelt. Erinnerungen an seine Ankunft in Paris, an seine Anfänge, an seine erste Ehe, Gedanken über seine Familie, seine Beziehungen zu Frauen, über hundert Leute (oder Gestalten): man stößt wieder auf die Tendenz von *Als ich alt war*. Aber mit einem grundlegenden Unterschied: nach seiner zweiten gescheiterten Ehe lebt Simenon in einem anderen inneren Gleichgewicht. Er hat sich für eine Art Abgeklärtheit entschieden, ein neues Glück erreicht. Und er scheut sich nicht, seine Meinung zu sagen, ohne unnötige Scham, mit äußerster Einfachheit und ohne Angst vor dem Widerspruch zu dem, was er eben gerade in *Als ich alt war* gesagt hat. Er setzt das Diktat fort mit *Des traces de pas*, ruhig, mit wieder aufgenommenen Themen und den Rückständen des Alltags, mit den Lichtern und Gerüchen, den Regungen einer immer wachen Sensibilität, mit der in ihren Veränderungen und Unterschieden erfaßten, eingefangenen Wirklichkeit.

Diese Diktate sind auf irgendeine Art die *Nymphéas* von Simenon. Aber er ist natürlich nicht nur Maler, sondern Memoirenschreiber, Zeuge seiner Person und seiner Zeit, Moralist, wenn man so will. Und was auch immer er sein will, Romanschreiber. Heute schreibt er seinen eigenen Roman, die lange Geschichte eines Mannes, der fünfzig Jahre sein Leben in über zweihundert erfundenen, doch in die Wirklichkeit eingepaßten Geschichten erzählt hat, wobei die Phantasie sehr gezügelt wird, um es noch einmal zu betonen; heute beschäftigt er sich mit seiner

---

* Erscheint 1978 im Diogenes Verlag.

Vergangenheit und interpretiert die Gegenwart. Nicht ohne dabei gewisse Erläuterungen oder vertrauliche Mitteilungen privater Natur in der Schwebe zu lassen. Doch mit einer seltenen Klarsicht, mit einem raren Maß an Selbsteinschätzung. Dieser große Erfinder betrachtet sich selbst mit nicht gespielter Bescheidenheit. Er hat sich von Anfang an dafür entschieden, den anderen das bloße, einfache, ungekünstelte Leben zu vermitteln. Und auch wenn es um ihn geht, ist er nicht bereit, einen anderen Ton anzuschlagen. Wie auch der äußere Eindruck und die ›Entwicklung‹, die es aufweisen konnte, sein mögen, so gibt es doch einen erstaunlichen inneren Zusammenhang in Simenons Werk. Der autobiographische Teil dieses Œuvres ist eng mit der literarischen Erfindung verbunden. Beide Ströme haben den gleichen Ursprung und spiegeln ein und dasselbe Leben wider. Irgendwann wird man jeden Roman Simenons mit einer Seite oder einem Satz aus *Pedigree* kommentieren können oder mit *Als ich alt war* und *Brief an meine Mutter*. Und dann wird man sehen, daß es keinen Gegensatz zwischen Erfindung und Tatsache gibt, sondern sogar eine eigenartige Harmonie.

Deutsch von Renate Nickel

Jürg Altwegg
Der Goethe der schweigenden Mehrheit

1976

Georges Simenon, der 1903 in Lüttich geborene Belgier, ist mehr als nur Verfasser von Kriminalromanen. Vor drei Jahren schätzte die Unesco die Auflage seiner Bücher auf über 350 Millionen Exemplare, die ersten literarischen Versuche, die 1500 Kurzgeschichten und die Memoiren nicht eingerechnet. Simenons Romane werden in allen fünf Erdteilen gelesen, neuerdings sogar in China. In der Sowjetunion sind seine Texte Pflichtlektüre in der Schule. Das DDR-Fernsehen zeigt die populären Maigret-Verfilmungen. Wie kaum einem anderen Schriftsteller ist es Georges Simenon gelungen, Landes- und Zivilisationsgrenzen zu überschreiten.

Über die literarische Qualität gehen die Meinungen natürlich auseinander. Die Ansichten reichen von schroffer Ablehnung bis zu euphorischen Geniebekenntnissen. Mauriac, der Simenon zu den Vätern des Anti-Romans zählt, findet in seinem Werk die »gemeinsamen Obsessionen unserer Zeit«, während André Gide als einer der ersten Simenons Begabung erkannte: »Ich halte Simenon für einen großen Romancier, für den größten vielleicht und den authentischsten der heutigen französischen Literatur.« Robert Poulet dagegen bedauert maliziös, daß Simenon »in seiner Jugend nicht auf Flaubert gestoßen sei«.

Zu den französischen Romanciers des neunzehnten Jahrhunderts steht Simenon in eigenartiger Wechselbeziehung. Mit Flaubert verbindet ihn die realistisch ausgerichtete Suche nach einer Wahrheit. Doch seine stilistische

Nacktheit, seine – wirklich naive? – Unverfrorenheit stehen in krassem Gegensatz zu Flauberts Zweifeln und Skrupeln. An Balzac wird Simenons immense Produktion gemessen, wobei erst noch bewiesen werden müßte, daß der Verfasser der »Maigret«-Romane tatsächlich mehr geschrieben habe. Mit Zola schließlich, dessen reiches Vokabular Simenons Kargheit als ärmlich erscheinen läßt, hat der nun mehr als Siebzigjährige zumindest Ansätze einer beschreibenden Gesellschaftskritik gemein.

Stets hat Simenon sich seinem Metier mit einer Disziplin unterworfen, die den Arbeitsmethoden und -zwängen des Fließbandes in nichts nachsteht. Aber nicht seiner Arbeitsweise wegen kann man in seinem Fall kaum von Kreativität sprechen, sondern deshalb, weil dieser Literaturtechnokrat ein System konstruiert hat, an das er sich in allen Romanen konsequent hält und an dessen Hauptachsen nicht gerüttelt wird.

Das extrem einfache Schema findet sich in Dutzenden von Romanen Simenons. In wenigen Tagen geschrieben, in noch weniger Stunden gelesen, sind seine Bücher eine Anhäufung von Reizsignalen und Identifikationsmöglichkeiten. Nicht zufällig erscheinen immer wieder die gleichen Orte, die Place des Vosges, Maigrets Appartement, der Palais de Justice, Bistros, Boutiquen, Montmartre, Parks: Chiffren eines Lebensraums, den zehn Millionen bewohnen, Orte einer Stadt, die jedoch kaum beschrieben werden. Sie sind weitere feste Werte eines Systems, in dem der Kommissar Maigret den Nullpunkt darstellt, und sie suggerieren Sinn, wo die polizeiliche Enquete nur Unsinn, kaum erklärbare Verbrechen und andere Tatsachen ans Licht führt, die mit der herrschenden Ideologie schwer zu vereinbaren sind. In diesem Koordinatensystem – einzig variable Größe: der Tatort – finden sich auch Nicht-

Pariser schnell zurecht. Mögen Simenons fiktive Figuren für seine Leser die Funktion einer zweiten Haut haben, so scheint der Handlungsraum eine statische Ersatzwelt abzugeben, in die man sich, dem gütigen, verständnisvollen Papa Maigret folgend, lesenderweise hineinbegibt.

Diese Welt der Fiktion gleicht der realen bis aufs Haar, und man kann Simenon den Vorwurf ersparen, er handle mit verlogenen Träumen und Illusionen. Sein Romanuniversum hat den Vorteil, daß es sich über zwanzig, dreißig Bücher hinweg kaum verändert und den Lesern bald vertraut ist wie die eigene Heimat.

Dem »*homme nu*«, dem nackten Menschen, ist Simenons Lebenswerk gewidmet, ihn sucht er, dem Zivilisationsmenschen alle Masken wegreißend. Den Clochard, mit dem er sich solidarisch fühlt, und den Millionär, der er selber mit seinen Schreibtischverbrechen geworden ist, will er auf eine gemeinsame Substanz zurückführen, auf eine einzige Dimension. Schon Archetypen sind ihm zuviel. Er glaubt an eine menschliche Einheit, an Urinstinkte, die er diesseits von Gut und Böse zu finden hofft. Sein Schreiben ist Denunziation des Scheins, hinter dem er das Wesentliche des Seins sucht.

Simenons Prinzip des literarischen Minimalismus ist auch seine nackte Sprache unterworfen. Im wesentlichen auf einen Code reduziert, wirkt sie auf den Leser wie die Gebots- und Verbotstafeln im Straßenverkehr – als Orientierungssystem, beschränkt auf möglichst wenig Signale, die von allen automatisch verstanden werden. Gegen die Vorschriften des Code wird auf keiner Seite verstoßen – Rotlichter werden nicht überfahren. Nicht einmal die Route muß der Leser in diesem Labyrinth der Gemeinplätze und Reizsignale selber wählen; sie ist durch Maigrets Enquete vorgegeben. Als Autor hat Georges

Simenon den nackten, den eindimensionalen Menschen nicht gefunden – aber es ist ihm gelungen, seine Leser zu *»hommes nus«* zu machen: Es wird ausschließlich an ihre Instinkte appelliert.

Farben, Empfindungen, Stimmungen und Gerüche spielen in Simenons Universum eine entsprechend beherrschende Rolle. Die Handlung nimmt – obwohl es sich um Kriminalromane handelt – nur einen kleinen Platz ein, ist oftmals nichts als Vorwand: Alles ist Dekor. Simenons überzeugendste schriftstellerische Leistung liegt zweifellos darin, daß es ihm gelingt, seine Figuren von ihrem jeweiligen Milieu abzuleiten und zu erklären. In Simenons Welt bestimmen die Lebensräume – manchmal auch nur das Wetter – die Menschen, und erst vor diesen Orten und Stimmungen bekommen sie, mangels eigener Persönlichkeit, ihr spärliches Profil.

Zur Gedankenarbeit außerhalb der Gemeinplätze ist Simenon nicht bereit. Man mag ihm mit Flaubert zu Hilfe kommen, der gesagt hat: »Nur die Gemeinplätze sind von ewiger Schönheit.« Allerdings verwendet Simenon diese aus Gründen, die mit Ästhetik sehr wenig, aber viel mit Kommunikation zu tun haben. Das spiegelt sich in den Dialogen seiner Romanfiguren, deren Sprach- und Hilflosigkeit gelegentlich an Beckett und Ionesco erinnern. Wäre Simenon mehr als Beobachter und Beschreiber dessen, was er hört und sieht – seine Literatur wäre den Klassikern des Absurden zuzuzählen und würde diese an Absurdität übertreffen. Zahlreich sind bezeichnenderweise die Fälle, in denen das Verbrechen ganz offensichtlich sinnlos ist, ein *»acte gratuit«*, der materielle Motive nur hat, weil es die Gattung so verlangt. Wie immer bleibt Simenon auf halbem Weg stehen. Genau wie ihn am »nackten Menschen« nur das Fleisch und nicht das Skelett interessiert, wie er

174

beim Gestalten des literarischen Dekors nie hinter die Kulissen schaut – die Frage nach dem Sinn wird umgangen. Sie ist bei Simenon tabu.

Die ganze Zwiespältigkeit von Simenons Literatur offenbart sich bereits in der väterlichen Figur des Kommissars. Maigret ist offizieller Agent einer Gesellschaft, deren nonkonforme Mitglieder er ihren Richtern überführt – und gleichzeitig ist er oft genug der einzige, der diese »Verbrecher« versteht, freundschaftliche Gefühle für sie hegt und sie im Gefängnis besucht. Manchmal ist das »Opfer« der größere Gauner als der Mörder, und das wird nicht verschwiegen. Neben einer gefühlsmäßigen, instinktiven Relativierung von Schuld und Sühne, von Gut und Böse zeigt Simenon die abscheulichen Folgen des Sozial-Darwinismus, dessen Opfer die Kriminellen seiner Romane durchweg sind. Daher rührt Maigrets Dilemma: Als Kommissar ist er stiller Ankläger und Denunziant einer Gesellschaft, deren Ungerechtigkeit er erfährt; er aber steht im Solde dieser gleichen Gesellschaft, die ihn als Amtsverteidiger ihres – nicht nur juristischen – Codes und ihrer Ordnung engagiert hat.

Simenons Unterhaltungsliteratur soll die Köpfe leeren, die Nerven entspannen. Darum wird sie gelesen – auch von jenen, über die Simenon schreibt. Schon Zola und andere haben die Unterprivilegierten zum Thema ihrer besten Werke gemacht. Aber erst Simenon ist es gelungen, diese Massen als Leser zu gewinnen.

»Sie sind also der Romancier des Unbewußten?«

Ein Interview mit Francis Lacassin

> »Sind wir zu Unrecht so darauf versessen, den Menschen in uns zu verstehen und zu heilen? Sind wir Opfer einer Überempfindlichkeit, und ist Ausdruck der Gesundheit vielleicht eher die ruhige Brutalität des sogenannten Helden?«

Georges Simenon – Francis Lacassin

Als Romanautor verfügt Simenon nach der unlängst von der UNESCO ver-
öffentlichten Statistik über einige Millionen Leser, doch nur sehr wenige von
ihnen kennen den Journalisten Simenon. Dabei füllen allein seine zwischen
1931 bis 1939 entstandenen Reportagen drei dicke Bände.
   Simenons publizistische Tätigkeit hat jedoch schon vor 1931 begonnen. Nachdem er sich in seiner Geburtsstadt Lüttich zunächst als Konditorlehrling, dann
als Gehilfe in einer Buchhandlung versucht hatte, findet er mit sechzehn Jahren einen Posten bei der *Gazette de Liège*.

G. S.: Das ist nichts Außergewöhnliches. Viele Schriftsteller, zumal in USA, hatten einen ähnlichen Start.

F. L.: Sie haben sehr jung angefangen. Fühlen Sie sich zu
diesem Metier besonders hingezogen?

G. S.: Durchaus nicht. Zum Journalismus bin ich durch
puren Zufall gekommen. Weil ich bei der Buchhandlung, wo ich als Kommis arbeitete, gerade vor
die Tür gesetzt worden war.
Vom Journalismus hatte ich keine Ahnung. Damals
las in den Familien nur der Vater die Zeitung. Die
Mutter schnitt sich aus, was unter dem Strich stand,
das Feuilleton. Die Kinder interessierten sich weder
für Politik noch für sonst irgend etwas. Ich hatte
niemals Zeitungen gelesen, kannte nur die, die zu
uns ins Haus kam, und wußte nicht einmal, wie die
anderen hießen.
Eines Tages komme ich auf der Suche nach Arbeit
in die Nähe der Place Saint-Lambert und sehe vor
mir das Schild der *Gazette de Liège*. Ich gehe hinein und gelange bis zum Chefredakteur. Ich trug
meine ersten langen Hosen. Damals fing man damit
erst mit sechzehn Jahren an.
Ich frage, ob ich nicht bei der Zeitung als Reporter
arbeiten könne. Mein Gegenüber betrachtet mich

mit amüsiertem Lächeln. Es war ein sehr würdiger, bärtiger Herr mit roter Nase, sehr eindrucksvoll.

– Wer sind Sie? fragt er mich.
– Ich bin gar nichts. Ich habe bloß in der Buchhandlung, Rue de la Cathédrale, gearbeitet und bin rausgeflogen.
– Haben Sie Referenzen?
– Weiter eigentlich keine.
– Und Ihre Familie? Haben Sie da irgendwelche Beziehungen?

Ich nenne daraufhin meinen Cousin, der ebenfalls Georges Simenon hieß und Bischof von Lüttich war, sowie einen Onkel, den Vizepräsidenten einer Bank. (Es gab zwei oder drei reiche Leute in der Familie, wir übrigen waren eher arm, kleine Leute, Handwerker, besonders von der Vaterseite her.) Darauf sagte der Chefredakteur: ›Ich kenne Ihren Onkel sehr gut, wir sind im Aufsichtsrat der gleichen Bank.‹ Er macht ein paar Anrufe und sagt schließlich zu mir: ›Wir werden einen Versuch machen. Morgen tun Sie so, als seien Sie Lokalberichterstatter für die Rubrik ›Unglücksfälle und Verbrechen‹. Lesen Sie, was in Lüttich passiert ist, und referieren Sie es so, als ob es erscheinen sollte.‹
Ich war einigermaßen in Verlegenheit. Ich lese die Zeitung und erfahre zum Beispiel, daß am nächsten Tag Pferdemarkt ist. Ich gehe also hin, frage nach der Zahl der Pferde, ihrem Preis usw. Ich erkundige mich beim Polizeikommissariat, ob Unglücksfälle oder Verbrechen gemeldet sind. Es lagen keine Verbrechen vor, nur ein paar Taschendiebstähle sowie ›entôlages‹ – Beischlaf-Diebstähle, etwas,

was man bei der Zeitung nannte: ›Lohnt das Hingehen nicht‹. Das Wort ›entôlage‹ galt als ungehörig.

F. L.: Wie lange sind Sie bei der *Gazette de Liège* geblieben?

G. S.: Drei Jahre. Drei Monate nach meinem Eintritt mußte ich den täglichen Lokalbericht liefern, und das habe ich dann zweieinhalb Jahre lang getan. Die Rubrik hieß: ›Hors du Poulailler‹, *Aus dem Hühnerhof,* und ich unterzeichnete mit M. Lecoq; daran sah man, daß die Redaktion dafür nicht verantwortlich war. Tatsächlich vertrat ich darin auch durchaus nicht die Haltung der Zeitung. Sonst zeichnete ich Georges Sim oder G. S. Die ›Unglücksfälle und Verbrechen‹ wurden nicht unterzeichnet.

F. L.: Was für eine politische Richtung vertrat das Blatt?

G. S.: Ich wußte so wenig über journalistische Dinge Bescheid, daß ich bei meinem Eintritt in die *Gazette de Liège* – der Direktor war damals Joseph Desmarteaux – nicht ahnte, daß die Zeitung die katholischste und konservativste von Lüttich war. Als ich mir darüber klar geworden war, kam ich mir in meiner Rolle komisch vor, denn schon damals war ich ein angehender Anarchist.

F. L.: Wurde das nicht zu einem Problem für Sie?

G. S.: Nein. Ich hatte keinen Zugang zum politischen Teil. Man übertrug mir wie allen Anfängern die undankbarsten Aufgaben: die Berichterstattung über Vorträge. Und wie es der Zufall wollte, gab es in Lüttich damals täglich Vorträge. Ich mußte auch sonst alles tun, was die andern nicht machen wollten oder konnten. Für mich war das die beste Einführung in den Beruf eines Romanschriftstellers, weil man so einfach mit allem und jedem zu tun hatte.

Zum Beispiel habe ich mit noch knapp sechzehn Jahren auf einer schweren Harley Davidson die Radrennen verfolgt. Die Zeitungen konnten sich Fahrräder, respektive Motorräder, gegen entsprechende Reklame verschaffen. Auf diese Weise hatten wir immer die letzten Modelle der größten Maschinen wie Harley Davidson oder Excelsior. Und damals brauchte man dafür noch keinen Führerschein. Wenn ich auf meinem Motorrad ritt, kam ich mir vor wie Rouletabille.

F. L.: Hat dieser junge Detektiv-Journalist von Gaston Lerroux Sie tatsächlich beeinflußt?

G. S.: Ich hatte nur *Das Geheimnis des gelben Zimmers* [von Gaston Lerroux, 1907] gelesen, aber Rouletabille hat mir wirklich Eindruck gemacht. Er wurde mein Vorbild: Ich trug einen Regenmantel, rückte den Hut tief in die Stirn und rauchte eine Stummelpfeife, um ihm ähnlich zu sehen. Dank dem Journalismus habe ich mit allem ein bißchen Bekanntschaft gemacht. Ich habe – natürlich ganz am Ende der Tafel – mit Foch, Poincaré und Churchill gespeist. Da ich über die Sitzungen des Stadtrats oder des Provinzausschusses zu berichten hatte, war ich hinter den Kulissen Zeuge ihrer kleinen Absprachen und Komplotte. Es gab auch wirkliche ›überfahrene Hunde‹. Täglich wurde im Zentralkommissariat ein Bericht verfaßt, meist handelte es sich um ziemlich schmutzige Dramen, vom einfachen Hausdiebstahl bis zum Verbrechen. Dazu kamen die Unglücksfälle: fünfzig oder hundert

Bergleute, die durch schlagende Wetter verschüttet worden waren: ich schwang mich dann auf das Motorrad und mischte mich unter die Frauen, die bleich und schluchzend auf die übriggebliebenen Kumpel warteten, die in den Schacht einfuhren, ohne zu wissen, ob sie auch wieder herauskommen würden.

In dreieinhalb Jahren Journalismus habe ich wirklich alle sozialen Schichten kennengelernt: für einen Romanschriftsteller ist das die beste Schule. Ohne das hätte ich wer weiß wieviele Jahre gebraucht, da hinein zu kommen und zugelassen zu werden.

F. L.: Sie haben sich im Journalismus wohlgefühlt: warum haben Sie im Dezember 1922 trotzdem damit aufgehört?

G. S.: Ich wollte damals schon Romanschriftsteller werden. Ich hatte mehrere kleine Erzählungen verfaßt, die in der *Gazette de Liège* erschienen waren. Drei oder vier hatte ich der Zeitschrift *Sincère* überlassen, einer literarischen Revue mit sehr kleiner Auflage, die von einem Brüsseler Universitätsprofessor namens Fernand Desonay herausgegeben wurde. Dort erschien mein erster rein literarischer Beitrag, *Le Compotier tiède*. Damals, 1922, leistete ich gerade meinen Militärdienst ab, schrieb aber weiter für die *Gazette*. Mein Traum war, mich nach Ende der Militärzeit nach Paris abzusetzen. Diesem ehrgeizigen Ziel näherte ich mich auch bereits: ich war Sekretär eines Romanciers geworden. Bei einem Bankett hatte mein Vater mit seinem Tischnachbarn von mir und meinem bevorstehenden Aufbruch nach Paris gesprochen, wo ich jedoch noch keine Stellung hätte. Der betreffende Herr hatte

sich darauf erboten, mich einem ihm befreundeten
Schriftsteller zu empfehlen, der gerade einen Pri-
vatsekretär suchte. Es handelte sich dabei um jemand, der heute völlig vergessen ist, einen gewissen
Binet-Valmer. Er veröffentlichte damals alljährlich
einen Feuilletonroman im *Journal*, zwei oder drei
weitere in Fayards *Œuvres libres*, sowie irgendwo
anders auch noch etwa wöchentlich eine Erzählung.
Bekannt geworden war er übrigens weniger durch
die Qualität seiner Werke als durch seine Rolle in
der Gesellschaft und in der Politik. Er war – und
damals war das etwas Wichtiges – Präsident der
›Ligue des Chefs de section et des Anciens Com-
battants‹. Ich hatte geglaubt, Sekretär eines
Schriftstellers zu werden. Aber weit gefehlt! Man
steckte mich in ein kleines Büro, das schon durch
zwei Sekretärinnen – darunter die von Binet-Valmer – reichlich beansprucht war und in dem auch
noch ein Herr saß, der so etwas wie den Sekretär
der Liga darstellte. Er ließ mich eine Menge Adres-
sen abschreiben, jede zwanzigmal und mit der
Hand, nur um im entscheidenden Augenblick, von
einem Tag auf den anderen die Zivilschutzchefs
und ehemaligen Frontkämpfer auf die Beine bringen zu können. Es war die Zeit, in der sich die er-
ersten sozialen Gegenströmungen gegen Poincaré be-
merkbar machten, nachdem die *Chambre bleu hori-
zon* gewählt worden war. Wieder einmal war ich
haargenau auf die Seite geraten, die meinen Über-
zeugungen entgegengesetzt war. Meine Stellung
entsprach in Wirklichkeit der eines Bürodieners. Binet-Valmer hatte kein Vertrauen zur Post. Jedesmal, wenn die Liga ein Communiqué an die Presse

geben sollte, mußte ich persönlich an die fünfund-
vierzig Pariser Tageszeitungen fünfundvierzig
Briefe verteilen. Zu jener Zeit hatte jede politische
Richtung ihre eigene Zeitung, von Tardieu und
Marraus bis zu Gustave Téry. Ich machte die Run-
de bei den Zeitungen per Taxi oder auch, was ge-
nauso schnell ging, mit der Droschke. Ich entdeckte
Paris.

F. L.: Bürodiener bei einem mittelmäßigen, reaktionären
Schriftsteller – das war eine Sackgasse. Wie sind
Sie da herausgekommen?

G. S.: Dank gewissen Geldgebern der Liga. Die Liga
repräsentierte einen nicht unwesentlichen Teil der
Wählerschaft. In der Umgebung von Binet-Valmer
fanden sich also viele solche Spender – aus Überzeugung oder weil sie hofften, auf diesem Wege zu
einem Sitz in der Kammer oder zur Ehrenlegion zu
gelangen.

Einer von ihnen war der Marquis de Tracy, ein
sehr guter Mann. Ihm gehörten fünf Schlösser in
Frankreich, Reisfelder in Italien, Besitzungen in
Tunesien, und außerdem verfügte er über Konten
bei allen möglichen Banken. Sein Vater war eben
gestorben und hatte ihm alle möglichen Geschäfte
hinterlassen, von deren Führung er nichts verstand
und für die er einen Sekretär suchte. Binet-Valmer
nun war es, der ihm daraufhin riet: ›Um mit all
dem fertig zu werden, nehmen Sie am besten den
kleinen Sim.‹ So wurde ich damals genannt. Zwei
Jahre bin ich bei ihm geblieben. Enttäuschend war
dabei nur, daß er zwar ein Privathaus in der Rue de
la Boëtie besaß, aber nie dort wohnte, da er ständig
von einem Schloß zum anderen unterwegs war.

Das aber hat mir erlaubt, das Leben der zentralfranzösischen Landjunker kennenzulernen, was mir auf andere Weise nie gelungen wäre: Jagden und große Empfänge, die der Marquis überall da veranstaltete, wo er gerade hinkam.

Schließlich verließ ich den Marquis und kehrte nach Paris zurück.

Noch bei ihm hatte ich angefangen, kleine Erzählungen für sogenannte galante Zeitschriften zu schreiben, Magazine, die heute höchst harmlos wirken würden. Damals bin ich einem ungewöhnlichen Mann begegnet, dem ich viel verdanke: Eugène Merle. Ihm gehörte *Frou-Frou*, die renommierteste dieser Art von Zeitschriften, bei denen ich mitarbeitete. Mit den Einnahmen aus *Frou-Frou* wollte er das Defizit einer großen linksgerichteten Tageszeitung decken, die er gerade gegründet hatte: *Paris-soir*. Merle besaß außerdem noch eine satirische Wochenschrift, *Le Merle blanc*, die es zu einer Auflage von 800 000 Exemplaren brachte und damit *Le Canard enchaîné* weit hinter sich ließ. Damals kam es vor, daß ich pro Tag sechs Erzählungen schrieb. Manchmal habe ich das ganze *Frou-Frou* unter zehn oder zwölf verschiedenen Pseudonymen ganz allein bestritten, weil das Blatt nicht über genügend Geld verfügte und ich immer wieder ungedeckte Schecks annahm. Ich hatte Mittel und Wege gefunden, diese Schecks dennoch zu Geld zu machen, indem ich sie zum halben Preis weiterverkaufte, und da Eugène Merle sehr großzügig bezahlte, selbst wenn man nur die Hälfte kassierte, bin ich dabei doch noch auf meine Kosten gekommen.

Eugène Merle war gefürchtet, und es galt als eine Ehre, zu den Sonntags-Déjeuners in seinem Schloß Avrainville eingeladen zu werden. Es war ein kleines, anspruchsloses Bauwerk, in dem er persönlich für seine Gäste kochte. Ich erinnere mich, daß ich einmal Ilja Ehrenburg dorthin mitgenommen habe. Ich mußte ihn in seiner Wohnung Avenue de Maine abholen, denn er hatte keinen Wagen. In Avrainville saß ich immer mit zwei oder drei Ministern zu Tisch, und da sie sich vor Eugène Merle sehr freimütig äußerten, habe ich beide Seiten der Medaille unterscheiden gelernt. Alles, was man uns erzählte, war falsch. Ich begegnete Zeitungsredakteuren, Ministern, sogar Premierministern wie Edouard Herriot, die einander zuzwinkerten, während sie von ihren Komplotten sprachen. Wie konnten sie lachen über die Communiqués, die Erklärungen, die sie am folgenden Tag der Presse geben wollten! In Avrainville habe ich meine Lehrzeit in Sachen Politik durchgemacht. Damals habe ich für alle Zeiten davon genug bekommen!

Eugène Merle hat mich auch in meinem Hang zur Romanschriftstellerei ermutigt. Ich hatte nämlich nach und nach angefangen, Groschenromane für ein anspruchsloses Publikum zu schreiben. Der erste ist 1924 bei Ferenczi erschienen, er hieß *Roman d'une dactylo*. Ich habe es auch bei den großen, entsprechend spezialisierten Verlagen versucht, bei Rouff, Fayard, Tallandier. Ich erkundigte mich jeweils nach der gewünschten Zeilenzahl und nach der Bezahlung. Das richtige Rezept fand ich dann selbst heraus.

Zwischen den Verlagen gab es gewisse Unterschiede, jeder hatte so seine Tabus. Bei Tallandier zum Beispiel durfte man nicht den Ausdruck ›Geliebte‹ benutzen, nur ›Freundin‹ war gestattet. Bei Fayard war auch ›Geliebte‹ erlaubt.

Ich habe zweierlei Sorten Groschenromane verfaßt, eine für Buben, Abenteuerromane, in erster Linie veröffentlicht in der berühmten ›Collection bleue‹ von Tallandier. Die andere wandte sich vor allem an die ›Concierge‹ oder an die ›Midinetten‹, ›le petit trottin‹ wie man damals sagte, die Nähmädchen. Es waren Romane, bei denen Lieschen Müller weinte.

Auch das war eine gute Lehre für mich. Indem ich meinen Lebensunterhalt verdiente, lernte ich, wie man einen Roman aufzubauen hat, denn selbst ein noch so alberner Groschenroman muß eine Konstruktion haben, ja fast solider konstruiert sein als ein literarisches Kunstwerk. Es gibt zahlreiche Personen und eine sehr abwechslungsreiche Handlung. Man muß dauernd neue Verwicklungen erfinden.

Sie wissen, daß für den Bühnenautor eine gewisse Schwierigkeit darin besteht, wie er seine Personen auftreten und wie er sie wieder von der Bühne verschwinden lassen soll. Das gleiche Problem ergibt sich auch für den Romancier: der Roman muß in sich eine gewisse Folgerichtigkeit haben. Ich sagte mir, daß ich zunächst einmal die Romanschriftstellerei als Metier erlernen müsse. Deshalb habe ich fünf Jahre lang Groschenromane geschrieben.

Eugène Merle hat 1927 einen davon im Feuilleton von *Paris-soir* veröffentlicht und auch an mich gedacht, als er seine linksgerichtete Morgenzeitung plante, die er *Paris-matin* nennen wollte, der er aber dann resigniert den Namen *Paris-matinal* gegeben hat, weil Bunau-Varilla, der Besitzer von *Le Matin*, alle Titel mit Beschlag belegt hatte, in denen das Wort ›Matin‹ vorkam.

Merle bot mir 50 000 Francs damaliger Währung für den Fall an, daß ich ihm in drei Tagen und drei Nächten, in einen Glaskasten eingesperrt, einen Roman schreiben würde. Dieser Glaskasten sollte auf der Plattform des Moulin-Rouge installiert werden, so daß ich Tag und Nacht unter den Blicken des Publikums sein würde.

Die Vertragsbedingungen sahen so aus: ich sollte den Roman unter Mitwirkung des Publikums verfassen, zum Beispiel ein Dutzend Gestalten vorschlagen, aus denen das Publikum drei auswählen dürfte, etwa zehn Titel nennen, unter denen es sich zu entscheiden hätte, und dann den Roman in aller Öffentlichkeit schreiben. Hier nun ergab sich ein kleines Problem: ich durfte nicht aus den Augen gelassen werden, damit ich nicht mogeln könnte, aber auch bei einem Romanschriftsteller melden sich ja natürliche Bedürfnisse an. Ein Architekt hatte hierfür eine Lösung gefunden, und der Glaskasten wurde bei einer Firma der Rue du Paradis in Auftrag gegeben. *Paris-matinal* aber ging konkurs, bevor besagter Glaskasten fertig war.

Was viele Leute nicht daran gehindert hat zu glauben, ich hätte die Sache wirklich gemacht. Einige haben es geschrieben; andere haben geschworen, sie hätten mich in dem Kasten gesehen. Wenn es stimmte, würde ich es auch zugeben. Das Ganze wäre für mich ein Leichtes gewesen, da ich meine Romane regelmäßig in zweieinhalb Tagen schrieb.

Ich glaube, die Legende beruht auf folgender Verwechslung: ein paar Monate vorher hatte man in der Halle der Tageszeitung *Petit Journal* einen Hungerkünstler in einem gläsernen Verschlag bewundern können. Nun, der Schritt von einem Hungerkünstler zu einem Verfasser von Romanen ist nicht so besonders weit . . .

F. L.: Von 1931 bis 1937 haben Sie etwa zwanzig Reportagen veröffentlicht. Warum sind Sie nach neun Jahren Pause zum selbständigen Journalismus zurückgekehrt?

G. S.: Ich habe niemals Reportagen nur für Zeitungen gemacht. Schon mit 15 oder 16 Jahren galt meine Neugier dem Menschen und zwar speziell dem Unterschied zwischen dem ›homme habillé‹, dem Menschen, wie er sich äußerlich präsentiert, und dem ›homme nu‹, zwischen dem bloßen, puren Menschen, und dem, als der er sich in der Öffentlichkeit zeigt, ja sogar dem, als den er selbst sich im Spiegel sieht. Alle meine Romane – ja mein ganzes Leben – waren dieser Suche nach dem bloßen Menschen gewidmet.

Auch in Paris habe ich versucht, diesen Menschen an sich und zugleich Frankreich kennenzulernen. Ich habe das auf dem Weg über Flüsse und Kanäle versucht, aus dem einfachen Grund, weil Städte und Dörfer stets am Wasser entstanden sind. Das wahre Gesicht von Paris zeigt sich am Ufer der Seine, das von Mâcon an dem der Saône, das von Lyon an den Gestaden der Saône und der Rhône.

Ich habe mir die ›Ginette‹ gekauft, ein Boot von fünfeinhalb Metern Länge, etwas wie ein großes ›You-you‹, das offenbar als Beiboot zu einer Yacht gehört hatte. Ich versah es mit einem Dach und unternahm damit im Sommer 1927 meine ›Tour de France‹ durch Flüsse und Kanäle. Mitgenommen hatte ich meine Schreibmaschine, einen Klapptisch, meine erste Frau, Tigy, meine Köchin, genannt ›die Kugel‹, und schließlich eine große dänische Dogge, die Olaf hieß. Während dieser Wasserfahrt durch Frankreich habe ich mehr gelernt, als wenn ich mit einem Wagen von Stadt zu Stadt gereist wäre. Meine Frau und ich schliefen an Bord. Boule verbrachte die Nacht mit Olaf unter einem Zelt. Am Morgen machte sie Feuer, während ich von morgens halb fünf, fünf Uhr ein paar Kapitel Groschenroman tippte. Dann bekam ich Lust, mehr zu sehen und weiter hinaus zu kommen. Ich erwarb ein anderes, größeres Schiff mit Namen ›Ostrogoth‹, ein geräumiges Fischerboot aus Fécamp, dessen Inneres ich hatte herrichten lassen. Bevor ich nach Holland fuhr, hatte ich mir geschworen, zwei Jahre lang an Bord zu bleiben und auf eine Übernachtung im Hotel zu verzichten. Das habe ich auch getan. In Delfzijl, an der holländisch-deutschen Grenze, mußten wir eine Pause einlegen, um die ›Ostrogoth‹ überholen zu lassen. Das hinderte uns nicht, des Nachts an Bord zu schlafen, mich selbst jedoch tagsüber an der Arbeit. Aber dann habe ich im Hafen ein altes Boot gefunden, einen halb verrotteten Kahn voller Ratten und fauligem Wasser. Dieses Wrack habe ich dann mit drei Kisten möbliert: eine für meine Schreibmaschine, eine zum Sitzen und eine für meine Flasche Rotwein. Dort habe ich meinen ersten Maigret-Roman getippt, *Pietr le Letton**, und an

* *Maigret und Pietr, der Lette,* Diogenes 1978 (detebe 155/2).

jener Stätte übrigens hat man später Maigret ein Standbild errichtet.

Von dort aus habe ich mich dann nach Hamburg und darauf nach Lappland eingeschifft, aber mit einem Linienschiff, das damals ›die Trambahn‹ hieß und an der norwegischen Küste entlang durch das Eismeer bis nach Hammerfest fuhr. Ich bin dann durch ganz Lappland gereist, von wo ich eine Reportage mitgebracht habe. Vor allem aber habe ich während der zwei Jahre an Bord der ›Ostrogoth‹ eine andere Art Leben, nämlich das der Seeleute kennengelernt.

Diese Reportagen habe ich nicht für eine Zeitung, sondern für mich gemacht. Ich habe erst beschlossen zu reisen, und dann habe ich einem befreundeten Chefredakteur gegen ein festvereinbartes Honorar eine Reihe von Artikeln angeboten; aber ich war nicht Korrespondent des Blattes. Ich habe niemals einen Presseausweis besessen, außer bei der *Gazette de Liège*. Die große Reportage war für mich nur eine Methode, meine Neugier zu finanzieren.

Das Exotische hat mich nie gelockt. Immer suchte ich auf Reisen den bloßen Menschen, den ›homme nu‹.

F. L.: Ihr Bemühen, den ›bloßen Menschen‹ zu zeigen, hat Sie dazu gebracht, Wahrheiten zu enthüllen, die im Jahr 1932 noch nicht offiziell zugelassen waren. So endet zum Beispiel Ihr Bericht über Afrika mit den Worten: »Ja, Afrika sagt ›Scheiße‹ zu uns . . . und es hat recht!«

G. S.: Dieser Bericht ist in Gallimards Wochenzeitschrift *Voilà* erschienen. Damals hatte Citroën, um seine Geländewagen zu lancieren, die ›Croisière noire‹

(Schwarze Kreuzfahrt) organisiert, was sich in einem über ganz Paris hin groß plakatierten Film *L'Afrique qui parle* (Afrika spricht zu uns) niederschlug – und so sagte ich im Untertitel: »Afrika spricht und sagt ›Scheiße‹ zu uns.« Ich wußte nicht einmal, ob das gedruckt werden würde, maß dem aber auch weiter keine Bedeutung bei. Diese Reportage hat mir eben nur das Reisen erlaubt.

Daß die Angelegenheit aber doch irgendwie wichtig war, habe ich dann 1936 gemerkt. Ich wollte noch einmal nach Afrika, die kolonisierten Länder wiedersehen, das Kolonisationssystem erforschen, seine Resultate sowie den Grad des Verfalls studieren, bei dem es angelangt sein würde. Ich sprach darüber in aller Ruhe vor einigen Freunden auf der Terrasse von ›Chez Maurice‹ in Porquerolles, als eine Stimme hinter mir sagte: ›Nein, Monsieur Simenon, Sie werden nächste Woche nicht nach Afrika reisen!‹ Ich drehe mich um, sehe vor mir einen Herrn in Hemdsärmeln, so wie ich selber, und frage ihn:

– Und wer wird mich daran hindern?

– Die Regierung oder, anders ausgedrückt, ich.

– Was? Sie?

Darauf erklärt er mir: ›Ich bin Pierre Cot, der Innenminister. Wir haben im Conseil beschlossen, daß diese Berichterstattung nicht erfolgen und nicht veröffentlicht werden wird.‹

Tatsächlich hat man mir damals sämtliche Visa entzogen. Übrigens war weder diese noch meine erste Afrikareise schuld daran, daß ich antikolonialistisch geworden bin. Ich bin es schon immer gewesen, ganz einfach, weil der Kolonialismus die Menschenwürde verletzt.

F. L.: Bei der Lektüre Ihrer Reportage kam es mir immer so vor, als läse ich einen Roman. Umgekehrt ähneln Ihre Romane Reportagen, etwas dramatisierten allerdings, so als hätten Sie die Grenze zwischen Traum und Erlebtem verwischt. Tun Sie das bewußt?

G. S.: Unbewußt. Aber ich kann es leicht erklären. Das Leben jedes Menschen ist ein Roman – allerdings nicht unbedingt einer für eine bestimmte neutrale oder ›schwarze‹ Serie. Ein großer Kritiker hat geschrieben: ›Jeder trägt einen Roman in sich.‹ Freilich nicht unbedingt einen zweiten. Das tut nur ein Romanschriftsteller.

Tatsächlich könnte jedermann seine Jugend, die erste Begegnung mit seiner Frau, den ersten Monat seines Zusammenlebens mit ihr beschreiben und daraus einen regelrechten Roman machen. Wenn es nicht mehr um ihn selber geht, sondern um andere Personen, wird es freilich anders.

Gestalten zu erschaffen, sie aus einer gewissen Distanz zu sehen, verlangt von einem, daß man in die Haut eines anderen schlüpft. An dem Tag, an dem mir klar geworden ist, daß es für mich zu ermüdend geworden war, mich in eine andere Person zu versetzen, das heißt noch Romangestalten zu schaffen, beschloß ich aufzuhören. Ich war siebzig Jahre alt, das war also vor zwei Jahren. Da ich aber trotzdem etwas tun wollte, hielt ich mich nun an meine eigene Person. Anstatt *den* Menschen zu erforschen, vertiefte ich mich jetzt zum selben Zweck in mich selbst.

F. L.: Warum sind Sie Romanschriftsteller geworden?

G. S.: Ich hatte immer Lust, Romane zu schreiben. Außerdem stehe ich damit ja nicht einzig da. Aber für mich war das fast das gleiche wie die Suche nach mir selbst. Was ich die Suche nach dem Menschen nenne, ist deshalb die Suche nach mir selbst, weil ja auch ich nur ein Mensch wie jeder andere bin. Beim Romaneschreiben hatte ich das Gefühl, dem Menschen als solchem näherzukommen, in die anderen einzugehen. Es gibt Romane, die man buchstäblich aus dem Unterbewußtsein schreibt. Man versetzt sich in jemand anderen hinein und weiß absolut nicht, wohin einen das führen wird. Man begleitet ihn Tag und Nacht und weiß erst im letzten Kapitel, was aus ihm wird. Dieses Wesen muß aus sich selber bis zu Ende leben. Balzac wurde einmal gefragt: ›Was ist eine Romanfigur?‹ – ›Das ist irgendwer auf der Straße, der aber bis ans Ende seiner selbst kommt. Wir alle leben uns ja niemals folgerichtig aus. Wir haben Angst vor dem Gefängnis oder bei dem Gedanken, wir könnten unsere Angehörigen schockieren, sei es aus Empfindsamkeit, sei es aus Wohlanständigkeit, wie man so sagt, oder aus vielen anderen Gründen.‹

Romaneschreiben besteht darin, daß man irgendeine soziale Gruppe schafft, fünf oder sechs Personen ungefähr, die sich um eine Zentralgestalt bewegen, und der Autor hat dann nichts weiter zu tun, als sich selbst in die Hauptperson zu versetzen.

F. L.: Sie haben also an Ihren Gestalten so etwas wie Psychoanalyse betrieben?

G. S.: So ungefähr. Das heißt, ich habe versucht herauszu-
bekommen, ob diese oder jene Sorte Mensch auf die
oder jene Art reagieren würde, und glauben Sie
mir, ich selbst hatte dann nicht nötig, weiter nach-
zuhelfen. Am Abend vor dem letzten Kapitel
wußte ich noch nicht, was geschehen würde;
meine Figur würde ihrer eigenen Logik folgen, die
keineswegs die meine war. Ich durchlebte mit
diesem Jemand eine Krise, was mich buchstäblich mitnahm. Deshalb habe ich ja schließlich aufgehört.

F. L.: Nehmen wir einmal Ihre Lieblingsfigur: Maigret.
Vielleicht, weil er Ihnen ähnlich geworden ist –
oder umgekehrt –, bezeugt er doch eine bestimmte
Lebensanschauung und Ansicht von den Beziehungen der Menschen untereinander, die Sie zu teilen
scheinen.

G. S.: Am Anfang ist Maigret ziemlich einfach gewesen.
Ein rundlicher, friedlicher Mann, der sich auch
mehr auf seinen Instinkt als auf die Intelligenz, auf
alle diese Fingerabdrücke und sonstigen Techniken
der polizeilichen Ermittlung verläßt. Er wendet sie
freilich an, weil er dazu verpflichtet ist, aber ohne
allzusehr an sie zu glauben. Allmählich sind wir
einander dann tatsächlich ein bißchen ähnlich geworden. Ich könnte nicht sagen, ob er sich an mich,
oder ich mich an ihn angepaßt habe. Tatsache
bleibt, daß wir ein paar Eigenheiten voneinander
übernommen haben. Sehen Sie, man hat sich häufig
gefragt, weshalb Maigret keine Kinder hätte. Es
war doch sein großer Wunschtraum. Nun, das
kommt daher, daß, als ich mit den Maigret-Romanen
anfing – ich habe sicher mindestens dreißig ge-

schrieben, bevor ich Vater geworden bin –, meine
erste Frau keine Kinder wollte. Bevor sie mich hei-
ratete, hat sie mich schwören lassen, ich würde ihr
keine machen, worunter ich übrigens sehr litt, denn
ich liebe Kinder . . . wie Maigret.

Gut, aber deshalb war ich eben nicht imstande,
einen Maigret zu beschreiben, wie er etwa abends
nach Hause kommt und dort ein oder zwei Spröß-
linge antrifft. Wie sollte er mit ihnen sprechen, wie
auf ihr Geschrei reagieren, wie sich nachts anstellen,
wenn er ihnen den Schnuller geben müßte, falls
Madame Maigret gerade unpäßlich wäre? Ich
wußte es nicht. Folglich habe ich ein Ehepaar schaffen müssen, das keine Kinder haben konnte. Das ist
der Grund. Dann bin ich älter geworden, sehr viel
schneller als Maigret. Theoretisch hätte er sich mit
fünfundfünfzig in den Ruhestand begeben müssen.
Bei seinem letzten Auftritt ist er dreiundfünfzig-
einhalb, und als ich ihn geschaffen habe, war er
vierzig oder fünfundvierzig Jahre alt. Infolgedes-
sen hat er nur fünfzehn Jahre hinter sich gebracht,
während ich fast vierzig verlebte. Da habe ich ihm
natürlich unwillkürlich etwas von meinen Erfahrungen mitgegeben, während er mir etwas von seiner Aktivität abgab.

F. L.: Maigret hat eine Art, sich für die Menschen zu
interessieren, die Ihnen ähnlich ist, zum Beispiel eine
gewisse Leichtigkeit, sich einzufühlen, die bei einem
Polizisten eher erstaunlich ist.

G. S.: Das stimmt. Dies ist eine der wenigen Gestalten,
wenn nicht die einzige, die etwas mit mir gemein-
sam hat. Alle übrigen oder doch fast alle sind völlig
unabhängig von mir.

F. L.: Wie würde sich Maigret verhalten, wenn er jetzt noch ein neues Abenteuer bestehen müßte?

G. S.: Wenn ich noch einmal einen ›Maigret‹ schriebe und der Kommissar noch im Dienst wäre, würde er morgen sein Entlassungsgesuch einreichen. Einer meiner Romane zeigt deutlich, was er von der Welt der Politik hält: *Maigret und der Minister**. Maigret fand schon die Begegnungen mit gewissen Untersuchungsrichtern unerträglich, die gewiß sehr liebenswürdig sein konnten, aber zur Bourgeoisie gehörten und dachten, sie könnten ihren Beruf ausüben, ohne irgend etwas von Menschen zu verstehen, einfach indem sie den bürgerlichen Grundsätzen folgten, die man ihnen eingeimpft hatte. Was für eine Art von Recht kann man da schon sprechen?

F. L.: Übrigens hat man den Eindruck, daß Maigret nicht so recht an die Justiz glaubt, und daß es für ihn keinen Schuldigen, sondern nur Opfer gibt.

G. S.: Ich glaube nicht, daß es Schuldige gibt. Der Mensch ist derart schlecht für das Leben ausgerüstet, daß man aus ihm fast einen Übermenschen macht, wenn man in ihm einen Schuldigen sieht. Ich verüble es einem Staatsmann nicht *mehr*, daß er ein hochmütiger Rastignac ist und alles seiner persönlichen Ruhmsucht opfert, als ich es einem ›Clochard‹ verüble, daß er unter den Brücken haust und bei günstiger Gelegenheit eine Brieftasche klaut. Es gibt Leute, die die Gesellschaft zum Verbrechen treibt. Es ist kein Zufall, daß die Mafia in Amerika in dem ärmsten Sektor von New York, in Brooklyn,

---

* Erschienen bei Diogenes 1978 (detebe 155/5).

198

entstanden ist, und zwar gleichsam auf der Straße, unter jungen Leuten, die sich zunächst einmal gegenseitig verprügelten. Wenn man mit neun oder elf Jahren Messerstiche bezieht – was soll später dann aus einem werden? Ein Bandit, ganz natürlich.

F. L.: Ein Kind aus einem solchen Milieu hat also eher Aussicht, ein Strolch zu werden als der Sohn eines Industriekapitäns ein Mörder?

G. S.: Ja; aber manchmal wird der Sohn eines Industriekapitäns aus Protest gegen seinen Vater, seine Familie und seine Umgebung zum Verbrecher. Und ich verstehe ihn ebenso gut.

Heutzutage kämpft man für die Befreiung der Tiere aus ihren Zwingern, aber die Menschen sperrt man in vergitterte Käfige ein, die nicht größer als die der Löwen sind. Daß man menschlichen Wesen so etwas antun kann, macht mich krank. Daß man auszurotten versucht, was man Verbrechen nennt – ich glaube, daß es immer existiert hat und immer existieren wird –, in Ordnung. Aber indem man die Gesellschaft verändert und nicht, indem man die Jugend schikaniert, die den Weg einschlägt, auf den die Gesellschaft sie zwingt. Wäre ich in einer Sozialwohnung am Rande von Paris geboren, ich wäre sicher nicht der theoretische Anarchist geworden, der ich bin, sondern einer, der Bomben wirft, und hätte am Ende sogar jemanden umgebracht.

F. L.: Mit den Verbrechern ist es ein bißchen wie mit den Negern in Harlem oder den kolonisierten Gelben: die Weißen gehen sie anschauen, wie man in den Zoo geht.

G. S.: Für mich ist der Tourist der Feind der ganzen

Welt. Die Touristen haben die Welt verschmutzt und alles verdorben. Nehmen Sie zum Beispiel die Rue de Lappe in Paris, die ich oft benutzt habe, als ich an der Place des Vosges gewohnt habe. Damals gab es keine Touristen. Wenn ich dort hinging, war ich gekleidet wie die kleinen ›Apachen‹, die man dort traf; wenn ich mit einem ihrer Mädchen tanzte, machte ich es wie sie, schob meine Hand unter ihren Mantel, wie es sich gehörte. Ich tanzte den ›Java‹ in fünfzig Zentimeter Entfernung, denn der Java ist ein sozusagen sehr keuscher Tanz. Zwei oder drei Mal habe ich Messerstiche austeilen müssen. Jetzt sind die Apachen und ihre Mädchen Attraktionen geworden, Statisten sozusagen . . .
Überall ist es dasselbe. Deshalb reise ich nicht mehr. Wozu reisen? Ich sitze vor dem Fernsehschirm, und alle Städte sehen aus wie alle andern Städte. Die Betonhochhäuser hier, hundert Meter von mir entfernt, finde ich überall wieder, in Brasilien, in Argentinien, in Peru, in Indien – überall ist es das gleiche.

F. L.: Ihrem Romanwerk ist zum Vorwurf gemacht worden, daß Sie darin das Zeitgeschehen ignorieren; der Krieg von 39 zum Beispiel und seine Folgen haben in Ihren Büchern kaum eine Spur hinterlassen.

G. S.: Ich verfolge das Zeitgeschehen sehr genau, doch es berührt mich nicht. Es ist tatsächlich komisch, wie ich das Fernsehen anstelle, wenn ich zu müde zum Lesen bin: ich sehe so halb und halb hin, aber wenn man mich eine halbe Stunde später fragt, was ich gesehen habe, würde es mir schwerfallen, darauf eine Antwort zu geben. Das Zeitgeschehen ist immer dasselbe: die gleichen Sieger und die gleichen Besiegten. Ich hoffe, daß eines Tages die Besiegten endgültig die Sieger sein werden, aber ich hoffe, daß wir nicht vorher eine noch reaktionärere Epoche durchmachen, als wir sie heute haben.

F. L.: Sie sind Pessimist?

G. S.: Ja, aber genau das wird endlich eine wirkliche Revolution heraufführen.

F. L.: Hat in Ihren Augen der Mai 1968 etwas gebracht?

G. S.: Aber und wie. Alle Rechtsregierungen haben seither das Fürchten gelernt. Um die Wette geben sie beim geringsten Alarm jetzt nach. Sobald sie Gefahr wittern, überbieten sie einander förmlich.

Als Giscard festgestellt hat, daß Mitterand um ein Haar die gleiche Stimmenzahl bekommen hat wie er – was hat er da gemacht? Er hat Mitterrands Programm kopiert, und er strengt sich an, es großenteils zu verwirklichen: das Gesetz über die Abtreibung, die Pille, die Ehescheidung, das Stimmrecht mit achtzehn Jahren. Und Sie werden sehen, dabei bleibt es nicht.

Auf diese Weise hoffen sie, die Revolution zu kanalisieren. Aber was sie auch tun, sie ist unterwegs. Es wird zunächst einen neuen Faschismus geben wie den, auf den man in Italien gefaßt sein muß, wo die ›Rechten‹ sehr gut gerüstet sind und sehr viele einflußreiche Männer im Sack oder vielmehr in ihrer Tasche haben, denn die spenden viel Geld. In Frankreich ist ja, wie Sie wissen, immer mehr von privaten Milizen, von mehr Polizisten, von mehr Kompetenzen für die Polizei und so weiter die Rede. Das ist ein schlechtes Zeichen, aber in Wahrheit ein gutes: der Franzose wird reagieren, sobald die Sache zu weit geht.

F. L.: Wie hätten Sie sich verhalten, wenn Sie im Mai 68 achtzehn Jahre alt gewesen wären?

G. S.: Wäre ich jetzt achtzehn, so wäre ich ›Gauchiste‹, das heißt eine Stellung noch links von den Kommunisten beziehen. In den westlichen Ländern wie Frankreich oder Italien sind die Kommunisten Bourgeois, ich möchte sagen: sogar Kapitalisten. Von Darwel, der Präsident der Zweiten Internationale, den ich sehr gut gekannt habe, pflegte zu sagen: ›Wenn wir keine blutige Revolution haben wollen, müssen wir jeder Familie ihr Haus geben und unsere Konsumgenossenschaften und eigene Banken haben.‹ In Lüttich habe ich an der Place Saint-Lambert die großen sozialistischen Kooperativen und Banken entstehen sehen. In Belgien arrangiert der Sozialismus sich auf bewundernswerte Weise mit der Bourgeoisie. Kann man sagen, daß das zu den Männern der Linken paßt? Ich glaube nicht. Oder doch nur zu einer sehr rosigen Linken.

F. L.: Mit welchen Empfindungen haben Sie selbst die Vorgänge des Mai 1968 erlebt?

G. S.: Ich war elektrisiert. Ich habe den ganzen Tag vor dem Radio und dem Bildschirm verbracht. Mein Sohn Johnny, der jetzt in Harvard studiert, war damals auf den Barrikaden am Boulevard Saint-Michel. Er hat ein paar gute Kumpel aus der C.R.S.* bei sich aufgenommen, was er mir am Telefon mit der Frage ankündigte: ›Du nimmst es mir doch nicht übel?‹ Ich habe ihm geantwortet: ›Im Gegenteil. Mach nur weiter so.‹ Er war darüber übrigens höchst erstaunt.

---

* C.R.S. = Compagnie républicaine de sécurité. (D. Übers.)

F. L.: Vielleicht hat der Mai 1968 sich da am positivsten ausgewirkt, wo es um die Liberalisierung der Moralbegriffe ging?

G. S.: Jede wahre Revolution muß mit der Moral anfangen. Es kann keinen Fortschritt geben, wenn man nicht die Lebensregeln verändert. Zum Beispiel gibt es eine überalterte Institution, die ich mit allen Mitteln immer bekämpfen werde: die Ehe.

Glücklicherweise kümmert die junge Generation sich einen Dreck um sie. Ich sehe es, wenn ich mit meinen Kindern spreche. Abgesehen von Marc, der ein sechsjähriges Kind hat und noch von der älteren Generation geprägt ist – die drei anderen fühlen sich völlig frei. Mein jüngster Sohn schläft hier im Haus mit seinen kleinen Freundinnen. Das macht mir überhaupt nichts aus. Er ist sechzehn. Der Mai 1968 hat die Jungen aber vor allem gelehrt, daß sie eine Macht darstellen. Zweitens aber haben die Alten lernen müssen, daß man mit den Jungen rechnen muß. Vorher hat man sie nur bestraft. Heute wagt man das nicht mehr. Ein Schüler vor dem Abitur ist bereits Vollbürger und hat als solcher seine Rechte. Automatisch haben damit der Lehrer, der Studienrat, der Rektor nicht mehr so viele.

Dadurch ist auch eine junge Generation von Professoren erwachsen, die ›gauchistes‹ sind. Unter ›gauchisme‹ verstehe ich eine Linke, die weder sozialistisch noch im westlichen Sinne – und auch nicht im Sinne Moskaus – kommunistisch ist. Rußland ist das Land, in dem ich mehr als in allen anderen Ländern übersetzt werde, wo ich die besten Freunde habe und von wo ich die meisten Briefe und Geschenke bekomme, aber es gibt dort etwas, womit ich mich nur schwer abfinden werde: keine Meinungsfreiheit.

F. L.: Durch Ihre Reportagen haben Sie gelernt, sich über die Grenzen hinwegzusetzen. Glauben Sie an Nationalitäten?

G. S.: Ich selber gehöre in Wirklichkeit keiner Nationalität an. Meine Mutter war halb Holländerin, halb Deutsche, mein Vater halb Franzose, halb Wallone. Ich habe eine Kanadierin geheiratet. Mehrere meiner Kinder sind in den USA geboren. Welche Nationalität habe ich demnach?

F. L.: Was halten Sie von der Armee?

G. S.: Mir graut vor allem Militärischen, mir graut vor Uniformen. Ich habe meinen Militärdienst abgeleistet, weil es nun einmal sein mußte, doch keiner meiner Söhne hat es getan.

F. L.: Propagieren Sie in Ihrem Werk eine bestimmte Botschaft?

G. S.: Offen gestanden habe ich versucht, Personen zu schaffen, und indem ich sie schuf, ein wenig mehr vom Menschen verstehen wollen. Meist habe ich erst aus den Kritiken erfahren, daß ich dies oder das hatte sagen wollen. Beim Schreiben war mir das nicht bewußt geworden.

In was für einem Zustand übrigens war ich jedesmal, solange ich schrieb! Ich verfaßte ein Kapitel von zwanzig Seiten in etwa zwei Stunden und wog hinterher achthundert Gramm weniger. Wir haben das nachgeprüft. Teresa hat meine Kleider gewogen, bevor sie sie mir gab.

F. L.: Das macht mehr als fünf Kilo pro Roman?

G. S.: Ja. Ich holte das dann in weniger als einem Monat wieder auf. Wenn man so schreibt, denkt man nicht daran, Ideen in die Welt zu setzen. Man denkt daran, die einmal geschaffene Gestalt im Griff zu behalten, ›im Stand der Gnade‹ zu bleiben, sozusagen, das heißt in einem Zustand völliger Selbstentäußerung, um der andere zu werden.

Anfangs habe ich elf Tage in diesem Zustand zubringen können, dann zehn, dann neun, zum Schluß noch sieben Tage, und wenn ich meine Romane in sieben Tagen geschrieben habe, so deswegen, weil ich nicht länger durchhalten konnte.

F. L.: Sie sind also der Romancier des Unbewußten?

G. S.: Da fällt mir etwas ein. Sie fragten mich, weshalb ich geschrieben habe. Nachdem ich zu Ihnen von Intelligenz, von Bewußtsein und von Unterbewußtsein gesprochen habe, bekomme ich beinahe Lust, Ihnen zu antworten, daß ich möglicherweise geschrieben habe, weil ich als Kind schlafwandelte. Als ich klein war, hatte ich Gitterstäbe vor meinem Schlafzimmerfenster, weil man mich in manchen Nächten an der nächsten Straßenecke im Hemd aufgegriffen hat. Es kam vor, daß ich nachts noch einmal hinunterging, um Schulaufgaben, die ich schon am Abend erledigt hatte, zum zweitenmal zu machen. Ich bin auch heute noch somnambul. Ich mag nicht ganz allein schlafen. Ich kann nicht schlafen, ohne daß jemand auf mich achtgibt.

F. L.: Die Personen, die Sie schaffen, sind wenig kommunikativ. Sie reden wenig, teilen sich wenig mit, sie verstehen einander, ohne zu Worten ihre Zuflucht zu nehmen. Als ob sie sich davor fürchteten.

G. S.: Das stimmt. Niemals... Wörter haben nicht immer den gleichen Wert. Deswegen verwende ich so wenige in meinen Romanen – kaum mehr als zweitausend – während ich doch immerhin etwas mehr kenne. Warum?

Nach der letzten mir bekannten Statistik verwendete ein französischer Bauer vor zwanzig Jahren im Durchschnitt sechshundert Wörter.

Dann kamen die Büroangestellten, die Handwerker in kleinen Städten mit einem Wortschatz zwischen acht- und zwölfhundert Wörtern. Das Kleinbürgertum verfügt durchschnittlich über fünfzehnhundert. Man müßte bis zu den sehr Intellektuellen gehen, um ein Vokabular von zwei- bis zweitausendfünfhundert Wörtern anzutreffen. Je mehr Wörter man in einem Roman oder irgendeinem beliebigen sonstigen Text verwendet, desto weniger Aussicht hat man, verstanden oder doch richtig verstanden zu werden.

Es gibt keine zwei Personen, die *einen* Roman auf die gleiche Weise lesen. Das Echo jedes einzelnen Wortes variiert je nachdem, welcher Leser es aufnimmt. Da ist es besser, möglichst wenige Wörter, vor allem möglichst wenige Abstrakta zu verwenden.

Von Anfang an habe ich mich dazu angehalten, soweit es irgend geht, mit konkreten Begriffen zu schreiben. Was ein Tisch ist, weiß jeder. Ein Bett ist ein Bett, eine Wolke ist für jedermann eine Wolke. Wenn man einen Ausdruck wie sublim oder wie Exteriorisation, das heißt ein abstraktes Wort verwendet, wird das Verständnis je nach der Klasse differieren, der der einzelne angehört.

Zweifellos deswegen sind meine Bücher in nahezu hundert verschiedene Sprachen übersetzt worden. Konkrete Menschen, die nicht ihre Seelenzustände schildern, sondern handeln, und deren Taten und Gebärden man sieht, gleichen sich in allen Ländern, man kann sie in allen Sprachen beschreiben.

F. L.: Was sind die entscheidenden Bücher Ihres Lebens gewesen? Welche Schriftsteller haben Sie interessiert, beeinflußt?

G. S.: Ich bin in einer Familienpension aufgewachsen, in der es fast nur russische Studenten gab. Ich habe mit russischer Literatur begonnen, bevor ich die französische kennengelernt habe, das heißt Gogol, Čechov, Puschkin, Dostojewski, Gorki kamen vor Balzac und Flaubert. Dann habe ich mich für Dickens und Conrad begeistert. Schließlich las ich Balzac und die französischen Schriftsteller des letzten Jahrhunderts. Zuvor aber habe ich als guter Gymnasiast ernsthaft meine Klassiker studiert.

F. L.: Unter den Schriftstellern, die in Frankreich etwas gelten, wie zum Beispiel Stevenson . . .

G. S.: Oh, Stevenson betrachte ich als einen großen Schriftsteller. Als ich in den USA, an der Küste des Pacific lebte, besuchte ich das Haus, von dem aus er sich zu den Montereyinseln eingeschifft hat. Bei den primitiven Stämmen gibt es Geschichtenerzähler, sie existieren auch auf den Pacificinseln. Als Stevenson, noch sehr jung, nach Samoa gegangen ist, um dort zu sterben – er war lungenkrank –, schrieb er: »Die Eingeborenen haben mir den beneidenswertesten Titel verliehen, den ich jemals erhalten habe: sie nennen mich den ›Geschichtenerzähler‹.«

F. L.: Das heißt: ›Tusitala‹.

G. S.: Sie haben es also auch gelesen! Auf der Halbinsel am Rande von Tahiti, in einer ganz kleinen protestantischen Kapelle habe ich einen großen Kelch entdeckt – zum protestantischen Ritus gehört die Austeilung von Brot und Wein – auf dem die Worte standen: ›Geschenk von Robert Louis Stevenson.‹

F. L.: Welche Bücher von Stevenson schätzen Sie besonders?

G. S.: *Die Schatzinsel* natürlich, aber auch ein anderer, weniger bekannter Roman, eine Spionageaffäre, die ihren Anfang im Hinterzimmer eines Zigarrenladens nimmt, *The Dynamiter.*

Ein erstaunliches Buch. Dieses Büro des Zigarrenhändlers ist eine meiner ersten Kindheitserinnerungen.

F. L.: Wer ist Ihr Lieblingsschriftsteller?

G. S.: Wenn Sie den größten Schriftsteller des letzten Jahrhunderts meinen, so würde ich sagen: Gogol. Den größten Autor unseres Jahrhunderts: Faulkner.

Deutsch von Eva Rechel-Mertens

Anhang

»Der Roman ist nicht bloß eine Kunst und noch weniger ein Beruf. Er ist vor allem eine Leidenschaft.«

1903   13. Februar, geboren in Lüttich als Sohn des 25-jährigen Désiré Simenon, Buchhalter bei einer Versicherung, und der 22jährigen Henriette Brüll.

1909   Eintritt in das Institut Saint-André; 1914 ins Collège Saint-Louis. Simenon will schreiben und Priester werden. 1915 Wechsel ins Collège Saint-Servais. Die Lehrer stellen Simenon die Themen der literarischen Arbeiten frei.

1918   Wegen einer Angina pectoris des Vaters verläßt Simenon die Schule. Er arbeitet zuerst als Konditorlehrling, dann in einer Buchhandlung, wo er nach sechs Wochen entlassen wird; er hat dem Lehrherrn Widerworte gegeben.

1919   Reporter bei der *Gazette de Liège;* Veröffentlichung erster Erzählungen.

1920   *Au Pont des Arches,* der erste Roman (erscheint 1921): »ein kleiner humoristischer Roman über die Lütticher Sitten«.

1921   Einberufung zum Militär. Tod des Vaters.

1922   Ankunft in Paris. Simenon wird Sekretär des Schriftstellers und Journalisten Binet-Valmer.

1923   Heirat mit Régine Renchon, einer Malerin. Erste Erzählungen für *Le Matin* und diverse ›galante‹ Pariser Zeitschriften. Zwischen 1923 und 1933 werden es mehr als tausend. Simenon wird Sekretär und Reisebegleiter des Marquis de Tracy.

1924   Trennung von de Tracy. Simenon beginnt serienweise – zwischen 1925 und 1934 mehr als 180 – Groschenromane zu schreiben. *Le Roman d'une dactylo* ist das Werk eines Vormittags auf einer Café-Terrasse.

1927   Alleinherausgeber und Redakteur der Zeitschrift *Le Merle blanc.* Der Eigentümer, Eugène Merle, schlägt Simenon vor, für 50 000 F in einem Glaskasten auf der Terrasse des Moulin Rouge einen Roman in aller Öffentlichkeit zu schreiben. Die Zuschauer sollen ihm die Namen der Personen und den Titel sagen. Das Experiment kommt nicht zustande, weil Merle vorher Konkurs macht.

1928 Simenon kauft sein erstes Boot, »Ginette«, und durchfährt während des Sommers Frankreichs Flüsse und Kanäle. Der Reisebericht erscheint in einer Sondernummer von *Vu*.

1929 Das zweite Boot, die »Ostrogoth«, wird gebaut. Reisen nach Holland, Norwegen, Lappland. Im September schreibt Simenon den ersten ›Maigret‹ *(Pietr-le-Letton)* unter eigenem Namen. Reise auf der »Ostrogoth« nach Wilhelmshaven. Gegen Ende des Jahres Absprache mit Fayard über eine Serie von Maigret-Romanen.

1930–32 Simenon reist und schreibt auf der »Ostrogoth«; Entstehung von rund 28 Romanen, meist Maigrets. 1931 erwirbt Jean Renoir die Filmrechte an *La Nuit du Carrefour*. Verkauf der »Ostrogoth«. 1932 Reise nach Afrika; Reportage *Peuples qui ont faim*.

1933 Im Sommer Europareise; die Reportage *Europe 33* erscheint in *Voilà*. Im Juni Begegnung mit Leo Trotzki in Prinkipo. Die Aufzeichnung des Gesprächs erscheint im *Paris-Soir*, 15.–16. Juni 1933. Fünf Romane entstehen. Im Oktober Vertrag mit Gallimard.

1934 Vier Romane. Eine Reportage über die Affäre Stavisky erscheint im *Paris-Soir*. Mittelmeerreise. Der Bericht erscheint in *Marianne* unter dem Titel *Mare Nostrum*. Im Herbst bezieht Simenon das Château de la Cour-Dieu nahe bei Orléans.

1935 Weltreise: New York, Panama, Kolumbien, Galapagos-Inseln etc. Während eines zweimonatigen Aufenthalts auf Tahiti schreibt Simenon den Roman *Ceux de la Soif*.

1935–38 Bei ständigem Ortswechsel entstehen in diesen Jahren mehr als zwanzig Romane. Am 31. Dezember 1938 erhält Simenon den ersten Brief von André Gide.

1939–40 Zehn Romane. 1939 wird der Sohn Marc geboren. 1940, nach Kriegsausbruch, organisiert Simenon eine Flüchtlingshilfe. Zum Jahresende diagnostiziert ein Röntgenologe fälschlich eine Angina pectoris und gibt Simenon noch höchstens drei Jahre zu leben.

1941–44 Mehr als zehn Romane entstehen, darunter die autobiographischen *Je me souviens* und *Pedigree*.

1945 Vier Romane. Aufbruch in die USA. In New York lernt Simenon Denise Quimet kennen, seine zweite Frau.

1946 Sechs Romane. Reisen kreuz und quer durch Amerika und Kanada. Die Reportage *L'Amérique en voiture* erscheint im November im *France-Soir*.

1947–49 Sechzehn Romane. Am 29. September 1949 Geburt des Sohnes Johnny.

1950–52 Sechzehn Romane. 1950 Scheidung und Wiederverheiratung in Reno. 1952 wird Simenon in die belgische Académie Royale aufgenommen.

1953–55 Sechzehn Romane. Geburt der Tochter Marie-Georges. Umzug nach Frankreich. Simenon läßt sich für zwei Jahre nahe bei Cannes nieder.

1956–57 Neun Romane. Umzug nach Echandens bei Lausanne.

1958–60 Elf Romane. Vortrag in Brüssel anläßlich der Weltausstellung. 1959 Geburt des Sohnes Pierre. 1960 wird Simenon Präsident des Festivals zu Cannes. Zusammen mit Henry Miller setzt er die Auszeichnung von Federico Fellinis *La dolce Vita* durch.

1961–64 Vierzehn Romane. 1964 Umzug in das selbst entworfene Haus in Epalinges, sieben Kilometer von Lausanne.

1965–66 Sieben Romane. Am 3. September 1966 wird in Delfzijl eine Maigret-Statue von Pieter d'Hought enthüllt; hier war der erste Maigret *Pietr-le-Letton* entstanden.

1967–70 Vierzehn Romane. Die *Œuvres Complètes* erscheinen bei den Editions Rencontre, Lausanne; sechsundsechzig Bände bis 1970.

1971–72 Mehr als fünf Romane. Am 19. September 1972 entschließt sich Simenon, sein Haus in Epalinges –

sein 29. insgesamt! – zu verkaufen, in ein Appartement zu ziehen und nicht mehr zu schreiben. Er
beginnt tagebuchartige Notizen ins Diktaphon zu
sprechen, die seither unter den Titeln *Lettre à ma
mère* (1974), *Un Homme comme un autre* (1975),
Des Traces de pas (1975), *Les Petits hommes*
(1976), *Vent du Nord, Vent du Sud* (1976), *Un
Banc au Soleil* (1977), *De la Cave au Grenier*
(1977) erschienen sind.

Bibliographie*

1. Werke von Georges Simenon
2. Reportagen
3. Vorworte
4. Autobiographische Schriften
5. Texte über eigene Werke
6. Essays, Artikel, Interviews
7. Übersetzungen
8. Auswahlbibliographie von Werken und Aufsätzen über Simenon
9. Deutschsprachige Arbeiten über Simenon

Zwischen 1921 und 1934 (auch später noch aus vertraglichen Pflichten) hat Georges Simenon Geschichten, Erzählungen, Groschenromane und Reportagen unter zahlreichen Pseudonymen veröffentlicht: Germain d'Antibes, Aramis, Bobette, Christian Brulls, Georges Caraman, Jacques Dersonne, Jean Dorsage, Luc Dorsan, Jean Dossage, Jean du Perry, Jean Perry, Georges-Martin Georges, Gom Gut, Georges d'Isly, Kim, Miquette, Maurice Pertuis, Plick et Plock, Poum et Zette, Jean Sandor, Georges Sim, Gaston Vialis, G. Violis. Eine genaue Bibliographie dieser pseudonymen Texte ist enthalten in dem Band: Georges Simenon – André Gide, Briefwechsel. Erschienen 1977 im Diogenes Verlag.

* Die bisher und wohl auch in Zukunft ausführlichste Bibliographie wird in einer Arbeit von Pierre Chanover erscheinen, dem der Verlag für freundliche Unterstützung dankt und dessen Adresse hier für Interessenten aufgeführt sei: Dr. Pierre Chanover, 6 Seton Street, Melville, N. Y. 11 746, USA.

1. Werke von Georges Simenon

a) Der Maigret-Zyklus und die Kriminal-Geschichten

Pietr-le-Letton (Fayard, 1931).
M. Gallet, décédé (Fayard, 1931).
Le Pendu de Saint-Pholien (Fayard, 1931).
Le Charretier de la Providence (Fayard, 1931).
La Tête d'un Homme (Fayard, 1931).
Le Chien jaune (Fayard, 1931).
Un Crime en Hollande (Fayard, 1931).
La Danseuse du Gai Moulin (Fayard, 1931).
La Guinguette à Deux Sous (Fayard, 1931).
La Nuit du Carrefour (Fayard, 1931).
Le Port des Brumes (Fayard, 1932).
L'Ombre chinoise (Fayard, 1932).
Chez les Flamands (Fayard, 1932).
Le Fou de Bergerac (Fayard, 1932).
Liberty Bar (Fayard, 1932).
Les Treize Coupables, Erzählungen (Fayard, 1932).
Les Treize Mystères, Erzählungen (Fayard, 1932).
Les Treize Enigmes, Erzählungen (Fayard, 1932).
Au Rendez-Vous des Terre-Neuvas (Fayard, 1933).
L'Affaire Saint-Fiacre (Fayard, 1933).
L'Ecluse N° 1 (Fayard, 1933).
Maigret (Fayard, 1934).
Maigret revient, Erzählungen (Gallimard, 1942).
Les Caves du Majestic (Gallimard, 1942).
Le Petit Docteur, Erzählungen (Gallimard, 1943).*
Les Dossiers de l'Agence O, Erzählungen (Gallimard, 1943).
Les Nouvelles Enquêtes de Maigret, Erzählungen (Gallimard, 1944).
L' Inspecteur Cadavre (Gallimard, 1944).
Félicie est là (Gallimard, 1944).
Signé Picpus, Erzählungen (Gallimard, 1944).
La Pipe de Maigret sowie *Maigret se fâche* (Presses de la Cité, 1947).

* Titel mit diesem Zeichen erschienen 1977/78 deutsch im Diogenes Verlag; weitere Titel ebenda in Vorbereitung.

Maigret à New York (Presses de la Cité, 1947).

Maigret et l'Inspecteur malchanceux, Erzählungen (Presses de la Cité, 1947). Neuauflage unter dem Titel *Maigret et l'Inspecteur malgracieux.*

Le Client le plus obstiné du monde, Erzählung (Presses de la Cité, 1947).

Ou ne tue pas les pouvres types, Erzählung (Presses de la Cité, 1947).

Les Vacances de Maigret (Presses de la Cité, 1948).

Maigret et son Mort (Presses de la Cité, 1948).

La Première Enquête de Maigret (Presses de la Cité, 1949).*

Mon Ami Maigret (Presses de la Cité, 1949).*

Maigret chez le Coroner (Presses de la Cité, 1949).*

L'Amie de Madame Maigret (Presses de la Cité, 1950).

Maigret et les Petits Cochons sans Queue, Erzählungen (Presses de la Cité, 1950).

Maigret et la Vieille Dame (Presses de la Cité, 1950).*

Les Mémoires de Maigret (Presses de la Cité, 1951).

Un Noël de Maigret, Erzählungen (Presses de la Cité, 1951).

Maigret au Picratt's (Presses de la Cité, 1951).

Maigret en meublé (Presses de la Cité, 1951).

Maigret et la Grande Perche (Presses de la Cité, 1951).

Maigret, Lognon et les Gangsters (Presses de la Cité, 1952).

Le Revolver de Maigret (Presses de la Cité, 1952).

Maigret et l'Homme du Banc (Presses de la Cité, 1953).*

Maigret a peur (Presses de la Cité, 1953).*

Maigret se trompe (Presses de la Cité, 1953).*

Maigret à l'Ecole (Presses de la Cité, 1954).

Maigret et la Jeune Morte (Presses de la Cité, 1954).

Maigret chez le Ministre (Presses de la Cité, 1954).*

Maigret et le Corps sans Tête (Presses de la Cité, 1955).

Maigret tend un Piège (Presses de la Cité, 1955).

Un Echec de Maigret (Presses de la Cité, 1956).*

Maigret s'amuse (Presses de la Cité, 1957).

Maigret voyage (Presses de la Cité, 1958).

Les Scrupules de Maigret (Presses de la Cité, 1958).

Maigret et les Témoins récalcitrants (Presses de la Cité, 1959).

Une Confidence de Maigret (Presses de la Cité, 1959).

Maigret aux Assises (Presses de la Cité, 1960).

Maigret et les Vieillards (Presses de la Cité, 1960).

Maigret et le Voleur paresseux (Presses de la Cité, 1961).
Maigret et les Braves Gens (Presses de la Cité, 1962).
Maigret et le Client du Samedi (Presses de la Cité, 1962).
Maigret et le Clochard (Presses de la Cité, 1963).
La Colère de Maigret (Presses de la Cité, 1963).
Maigret et le Fantôme (Presses de la Cité, 1964).
Maigret se défend (Presses de la Cité, 1964).
La Patience de Maigret (Presses de la Cité, 1965).
Maigret et l'Affaire Nahour (Presses de la Cité, 1967).
Le Voleur de Maigret (Presses de la Cité, 1967).
Maigret à Vichy (Presses de la Cité, 1967).
Maigret hésite (Presses de la Cité, 1968).
L'Ami d'Enfance de Maigret (Presses de la Cité, 1968).
Maigret et le Tueur (Presses de la Cité, 1969).
Maigret et le Marchand de Vin (Presses de la Cité, 1969).
La Folle de Maigret (Presses de la Cité, 1970).
Maigret et l'Homme tout seul (Presses de la Cité, 1971).
Maigret et l'indicateur (Presses de la Cité, 1971).
Maigret et Monsieur Charles (Presses de la Cité, 1972).

b) Non-Maigret-Romane und -Erzählungen

Le Passager du »Polarlys« (Fayard, 1932).
Le Relais d'Alsace (Fayard, 1933).
Les Gens d'en face (Fayard, 1933).
L'Ane Rouge (Fayard, 1933).
La Maison du Canal (Fayard, 1933).
Les Fiançailles de Monsieur Hire (Fayard, 1933).*
Le Coup de Lune (Fayard, 1933).
Le Haut mal (Fayard, 1933).
L'Homme de Londres (Fayard, 1934).
Le Locataire (Gallimard, 1934).
Les Suicidés (Gallimard, 1934).
Les Pitard (Gallimard, 1934).
Les Clients d'Avrenos (Gallimard, 1935).
Quartier nègre (Gallimard, 1935).
L'Evadé (Gallimard, 1936).
Les Demoiselles de Concarneau (Gallimard, 1936).
45° à l'Ombre (Gallimard, 1936).
Long Cours (Gallimard, 1936).
Faubourg (Gallimard, 1937).

L'Assassin (Gallimard, 1937).
Le Blanc à Lunettes (Gallimard, 1937).
Le Testament Donadieu (Gallimard, 1937).
Ceux de la Soif (Gallimard, 1938).
Les Sept Minutes, Erzählungen (Gallimard, 1938).
Les Rescapés du Télémaque (Gallimard, 1938).
La Mauvaise Etoile, Erzählungen (Gallimard, 1938).
Chemin sans Issue (Gallimard, 1938).
Touriste de Bananes (Gallimard, 1938).
L'Homme qui regardait passer les Trains (Gallimard, 1938).
Les Trois Crimes de mes Amis (Gallimard, 1938).
M. La Souris (Gallimard, 1938).
La Marie du Port (Gallimard, 1938).
Le Suspect (Gallimard, 1938).*
Les Sœurs Lacroix (Gallimard, 1938).
Le Cheval Blanc (Gallimard, 1938).
Le Coup de Vague (Gallimard, 1939).
Chez Krull (Gallimard, 1939).
Le Bourgmestre de Furnes (Gallimard, 1939).
Les Inconnus dans la Maison (Gallimard, 1940).
Malempin (Gallimard, 1940).
Cour d'Assises (Gallimard, 1941).
La Maison des Sept Jeunes Filles (Gallimard, 1941).
L'Outlaw (Gallimard, 1941).
Bergelon (Gallimard, 1941).
Il pleut, bergère (Gallimard, 1941).
Le Voyageur de la Toussaint (Gallimard, 1941).
Oncle Charles s'est enfermé (Gallimard, 1942).
La Veuve Couderc (Gallimard, 1942).
Le Fils Cardinaud (Gallimard, 1942).
La Vérité sur Bébé Donge (Gallimard, 1942).
Le Rapport du Gendarme (Gallimard, 1944).
La Fenêtre des Rouet (La Jeune Parque, 1945; jetzt bei Presses de la Cité).
L'Aîné des Ferchaux (Gallimard, 1945).
Les Noces de Poitiers (Gallimard, 1946).
Le Cercle des Mahé (Gallimard, 1946).
La Fuite de Monsieur Monde (La Jeune Parque, 1946; jetzt bei Presses de la Cité).
Trois Chambres à Manhattan (Presses de la Cité, 1946).*

Au bout du rouleau (Presses de la Cité, 1947).
Le Clan des Ostendais (Gallimard, 1947).
Lettre à mon Juge (Presses de la Cité, 1947).*
Le Destin des Malou (Presses de la Cité, 1947).
Le Bilan Malétras (Gallimard, 1948).
Le Passager clandestin (Presses de la Cité, 1948).
La Jument perdue (Presses de la Cité, 1948).
La Neige était sale (Presses de la Cité, 1948).*
Le Fond de la Bouteille (Presses de la Cité, 1949).
Les Fantômes du Chapelier (Presses de la Cité, 1949).
Les Quatre Jours du Pauvre Homme (Presses de la Cité, 1949).
Un Nouveau dans la Ville (Presses de la Cité, 1950).
Les Volets verts (Presses de la Cité, 1950).*
L'Enterrement de Monsieur Bouvet (Presses de la Cité, 1950).
Tante Jeanne (Presses de la Cité, 1950).
Le Temps d'Anaïs (Presses de la Cité, 1951).
Une Vie comme neuve (Presses de la Cité, 1951).
Marie qui louche (Presses de la Cité, 1951).
La Mort de Belle (Presses de la Cité, 1952).*
Les Frères Rico (Presses de la Cité, 1952).
Antoine et Julie (Presses de la Cité, 1953).
L'Escalier de Fer (Presses de la Cité, 1953).
Feux rouges (Presses de la Cité, 1953).
Le Bateau d'Emile, Erzählungen (Gallimard, 1954).
Crime impuni (Presses de la Cité, 1954).
L'Horloger d'Everton (Presses de la Cité, 1954).
Le Grand Bob (Presses de la Cité, 1954).
Les Témoins (Presses de la Cité, 1955).
La Boule Noire (Presses de la Cité, 1955).
Les Complices (Presses de la Cité, 1955).
En cas de malheur (Presses de la Cité, 1956).*
Le Petit Homme d'Arkhangelsk (Presses de la Cité, 1956).
Le Fils (Presses de la Cité, 1957).
Le Nègre (Presses de la Cité, 1957).
Strip-Tease (Presses de la Cité, 1958).
Le Président (Presses de la Cité, 1958).*
Le Passage de la Ligne (Presses de la Cité, 1958).
Dimanche (Presses de la Cité, 1959).*
La Vieille (Presses de la Cité, 1959).*
Le Veuf (Presses de la Cité, 1959).

L'Ours en Peluche (Presses de la Cité, 1960).
Betty (Presses de la Cité, 1961).*
Le Train (Presses de la Cité, 1961).
La Porte (Presses de la Cité, 1962).
Les Autres (Presses de la Cité, 1962).
Les Anneaux de Bicêtre (Presses de la Cité, 1963).
La Rue aux trois poussins, Erzählungen (Presses de la Cité, 1963).
La Chambre bleue (Presses de la Cité, 1964).
L'Homme au petit chien (Presses de la Cité, 1964).*
Le Petit Saint (Presses de la Cité, 1965).
Le Train de Venise (Presses de la Cité, 1965).
Le Confessionnal (Presses de la Cité, 1966).
La Mort d'Auguste (Presses de la Cité, 1966).
Le Chat (Presses de la Cité, 1967).
Le Déménagement (Presses de la Cité, 1967).
La Prison (Presses de la Cité, 1968).
La Main (Presses de la Cité, 1968).
Il y a encore des Noisetiers (Presses de la Cité, 1969).
Novembre (Presses de la Cité, 1970).
Le Riche Homme (Presses de la Cité, 1970).
La Disparition d'Odile (Presses de la Cité, 1971).
La Cage de Verre (Presses de la Cité, 1971).
Les Innocents (Presses de la Cité, 1972).

2. Reportagen (Auswahl)

»Escales nordiques«, in *Le Petit Journal* (vom 1. bis 12. März 1931).
»Au fil de l'eau«, in *Le Figaro illustré* (1. Mai 1932).
»L'heure du nègre«, in *Voilà* (8. Oktober bis 12. November 1932).
»Europe 33«, in *Voilà* (18. März bis 29. April 1933).
»L'Afrique qu'on dit mystérieuse«, in *Police et Reportage* Nr. 1 (27. April 1933). (Signiert: Georges Caraman.)
»Les grands palaces européens«, in *Police et Reportage* Nr. 5 (25. Mai 1933). (Signiert: Georges Caraman.)
»Police judiciaire«, in *Police et Reportage* Nr. 9 (22. Juni 1933). (Signiert: Georges Caraman.)

»Sa Majesté la Douane«, in *Voilà* (vom 1. bis 28. Januar 1933).

»La caravane du crime«, in *Détective* (28. September 1933).

»Une première à l'île de Ré«, in *Voilà* (7. Oktober 1933).

»Chez Trotsky«, in *Paris-Soir* (15. und 16. Juni 1933).

»En marge de l'affaire Stavisky«, in *Paris-Soir* (25. Januar 1934 bis 11. Februar 1934).

»A la recherche de l'assassin du conseiller Prince«, in *Paris-Soir* (20. März 1934 bis 6. April 1934).

»La machine à suicider«, in *Excelsior* (1. März 1934).

»La Mafia«, in *Excelsior* (10. März 1934).

»Si l'on voulait arrêter les coupables«, in *Excelsior* (25. März 1934).

»Peuples qui ont faim«, in *Le Jour* (April/Mai 1934).

»Des crimes vont être commis«, in *Je Sais Tout* (Mai 1934).

»Mare Nostrum (la Méditerranée en goélette)«, in *Marianne* (27. Juni bis 12. September 1934).

»Inventaire de la France, ou quand la crise sera finie«, in *Le Jour* (Oktober 1934).

»En marge des méridiens«, in *Marianne* (30. Januar; 6., 13., 20., 27. Februar; 3. April; 22. Mai; 11., 18., 25. September 1935).

»Les vaincus de l'aventure« (als Buch: *La Mauvaise Etoile*, Gallimard, 1938), in *Paris-Soir* (vom 12. bis 25. Juni 1935).

»Histoires du monde malade«, in *Le Jour* (vom 22. August bis 4. September 1935).

»Les gangsters dans l'archipel des amours«, in *Paris-Soir* (vom 17. bis 21. September 1935).

»Police-secours ou les nouveaux mystères de Paris«, in *Paris-Soir* (vom 6. bis 16. Februar 1937).

»Long cours sur les rivières et canaux«, in *Marianne* (12. Mai 1937). (Als Broschur bei Editions Dynamo, Liège 1952).

»Au chevet du monde malade«, in *France-Soir* (Dezember 1945).

»Un grand peuple en marche«, in *France-Soir* (Januar 1946).

»L'Amérique en auto«, in *France-Soir* (November 1946).

Zwei Sammelbände mit Reportagen erschienen unter den Titeln *A la découverte de la France* und *A la recherche de l'homme nu*, hrsg. von Francis Lacassin und Gilbert Sigaux (Collection 10/18 Nr. 1052–53, 1976).

3. Vorworte

Ludo Patris: *L'Homme d'Ombre* (Editions de la Toison d'Or, 1942).
Arthur Omré: *Traqué* (Presses de la Cité, 1945).
Roxane Toplicéano: *Bagatelles et autres* (Fournier, 1946).
Jean Bouret: *Bernard Buffet*, »Les Cahiers de la peinture«, Nr. 4 (Achille Weber, 1958).
Paul Fort: *Ballades françaises et Chronique de France* (Flammarion, 1958).
Daniel Frasnay: *La Femme en France*. Album mit Photographien (Presses de la Cité, 1958).
Jean Ambrosi: *Commissaire de quartier* (Editions du Scorpion, 1959).
Quentin Ritzen: *Les Nervures de l'Etre* (Editions Rencontre et Plon, 1967).
Pierre Benoit: *Œuvres complètes*. Band 22 (Cercle du Bibliophile, 1967).
Bernard Buffet: *Lithographies 1952–1966* (Trinckvel, 1968).
Christian Strich [Hrsg.]: *Fellini's Filme* (Diogenes, 1976).

4. Autobiographische Schriften

Les Trois Crimes de mes amis (Gallimard, 1938).
Je me souviens (Presses de la Cité, 1945).
Pedigree (Presses de la Cité, 1948).
Le Roman de l'homme, Vortrag, gehalten in Brüssel am 3. Oktober 1958 (Presses de la Cité, 1960).*
Quand j'étais vieux, Tagebücher 1960–63 (Presses de la Cité, 1970).*
Lettre à ma mère (Presses de la Cité, 1974).*
Un Homme comme un autre (Presses de la Cité, 1975).*
Des traces de pas (Presses de la Cité, 1975).
Les Petits Hommes (Presses de la Cité, 1976).
Vent du Nord, Vent du Sud (Presses de la Cité, 1976).
Un Banc au soleil (Presses de la Cité, 1977).
De la Cave au grenier (Presses de la Cité, 1977).

5. Texte über eigene Werke (Auswahl)

Les Gens d'en face (*Les Annales*, 1. November 1933).

Maigret reprend du service (*Le Jour*, 19. Februar 1934, anläßlich der Veröffentlichung des Maigret-Romans vom 20. Februar bis 15. März in dieser Zeitschrift).

Quartier nègre (anläßlich des Theaterstücks zum gleichnamigen Roman im Programmheft des Theaters Galeries Saint-Hubert, Brüssel, vom 11. Dezember 1936).

Sur les décors lointains (*Le Petit Parisien*, 24. Juni 1937, anläßlich der Veröffentlichung von *Les Rescapés de Télémaque* zwischen dem 25. Juni und 24. Juli in dieser Zeitschrift).

L'Assassin (Ankündigung des gleichnamigen Romans in den Cahiers d'annonces der *Nouvelle Revue Française*, Februar 1937).

Ceux de la Soif (dasselbe, ebenda Februar 1938).

La Marie du Port (dasselbe, ebenda November 1938).

La Maison des Sept Jeunes Filles (*Ciné-Mondial*, 26. Dezember 1941 zum Erscheinen des Films von Albert Valentin).

Pedigree (Vorwort für die Ausgabe von 1957, Presses de la Cité).

La Prison (Vorwort zum gleichnamigen Roman in der Zeitschrift *Constellation*, April 1968).

Außer dem zweiten sind sämtliche dieser Texte in den *Œuvres Complètes* enthalten.

6. Essays, Artikel, Interviews (Auswahl)

La Gazette de Liège, 25. März bis 18. Dezember 1920. Berichte unterzeichnet mit Georges Sim oder Monsieur le Coq. In der genannten Zeit erschienen 28 Beiträge.

Revue Sincère (Brüssel), »Mes fiches« von Georges Sim. Unter diesem Titel erschienen 1923 sechs kleine Porträts, gewidmet Claude Farrère, Paul Fort, Léon Daudet, Tristan Bernard, Maurice Barrès und Henri Duvernois.

»Comment on écrit un roman policier«, *L'Eclair du Soir* (26. Februar 1932).

»A la providence du voyageur«, *Témoignages de notre Temps* (November 1933).

»Sixième continent«, ebenda (Dezember 1933).

»N'oubliez pas les tigres«, *Paris-Soir* (24. Februar 1934).

»Carlo Rim«, *Marianne* (4. April 1934).

»Les romans qu'on dit policiers«, ebenda (27. November 1935).

»Seul à Paris (Noël de l'écrivain)«, *l'Ouest-Eclair* (26. Dezember 1937).

»L'âge du roman«, *Confluences,* Lyon, Nr. 21–24 (Februar 1943). Enthalten in Band 17 der Œuvres Complètes.

»L'aventure«, *Les Etincelles,* Lyon (Editions de Savoie, 1945). In Band 8 der Œuvres Complètes enthalten.

»Le romancier«, *The French Review,* USA (Februar 1946). In Band 17 der Œuvres Complètes.*

»Discours de réception« vor der Académie royale de langue et de littérature française de Belgique. Brüssel, 10. Mai 1952. Veröffentlicht im *Bulletin* der Académie. Juli 1952.

»Le dernier quart d'heure«, Textsammlung von Pierre Lhoste, *La Table Ronde* (1955). Der Text von Georges Simenon findet sich auf pp. 217–218.

Lettre à Jean Cocteau anläßlich seiner Aufnahme in die Académie française. In *Arts* (Oktober 1955).

»An interview on the art of fiction« von Carvel Collins. *The Humanities* No. 23, 1956. Wiederabgedruckt in dem Band *Writers at Work,* ed. by Malcolm Cowley (The Viking Press, New York 1958). Die deutsche Übersetzung des Werkes erschien unter dem Titel *Wie sie schreiben* im Sigbert Mohn Verlag, Gütersloh o. J.

»Raimu le colosse«, *Arts* (18. Januar 1956).

»Le grand amour de Pierre Benoit«, *Les nouvelles littéraires* (8. März 1962).

»Un écrivain vous parle: Georges Simenon« (anonym) *Réalités* (November 1961).

»Simenon se présente«, Interview von Robert Sadoul, erschienen im *Bulletin mensuel de la Guilde du Livre,* Lausanne (Juli, August, September 1957).

»J'ai horreur de discuter littérature«, Paris, *Actualité littéraire* (April 1958).

Interview mit Georges Simenon, *Marie France* (Juni 1958).

»Simenon s'interroge«, *Arts* (12. November bis 3. Dezember 1958).

Ansprache beim Congrès de la Féderation internationale des écrivains médecins, Montreux (Mai 1962). Erschienen in *Mé-*

decine et Hygiène, Genf (27. Juni 1962) sowie in den *Nou-velles littéraires* (21. Juni). Enthalten in den Œuvres Complètes Band 38.

Interview mit Jean Gau, *Le Figaro littéraire* (16. Februar 1963).

Interview mit Pascal Bergues, *Lui* (März 1964).

»Quand Simenon et Fleming parlent métier«, *Le Figaro littéraire* (9. April 1964).

»Hommage à Pierre Mac Orlan«, *Revue des Belles Lettres* (Lausanne 1965).

»Mes débuts«, Brief an Georges Charensol, Chefredakteur der *Nouvelles littéraires*, anläßlich des Erscheinens der 2000. Ausgabe (30. Dezember 1965).

»Simenon raconte Simenon«, *Paris Match*, Interview mit Gilbert Graziani (8. April 1967).

Interview mit Jacques Lanzmann, *Lui* (Juni 1967).

»Les confidences de Simenon ou le génie de la création subconsciente«. Fünf Ärzte haben Georges Simenon befragt. Zusammenfassung dieser Unterhaltung in *Médecine et Hygiène*, Genf (5. Juni 1968).

Als Broschur auch bei Presses de la Cité (November 1968) unter dem Titel *Simenon sur le gril.*

»Simenon parle de Simenon«, *L'Express Rhône-Alpes* (November 1970). Interview mit Philippe Lifchitz. (Nach einer Fernsehsendung vom 22. Oktober 1970 im ORTF.)

7. Übersetzungen

Die Romane von Georges Simenon erschienen in 32 Ländern und 43 Sprachen.

a) Die Länder

Argentinien, Australien, Belgien, Brasilien, Bulgarien, Ceylon, Chile, Dänemark, Deutschland, England, Finnland, Frankreich, Griechenland, Holland, Island, Israel, Italien, Japan, Jugoslawien, Neuseeland, Norwegen, Polen, Portugal, Rumänien, Rußland, Schweden, Schweiz, Spanien, Südafrika, Tschechoslowakei, Ungarn, Vereinigte Staaten von Amerika.

b) Die Sprachen

Africaans, Armenisch, Buriatisch, Bulgarisch, Chilenisch, Dänisch, Deutsch, Englisch, Esperanto, Estnisch, Finnisch, Flämisch, (Französisch), Griechisch, Hebräisch, Holländisch, Isländisch, Italienisch, Japanisch, Jiddisch, Katalanisch, Kirgisisch, Litauisch, Mazedonisch, Moldauisch, Norwegisch, Polnisch, Portugiesisch, Romantsch, Rumänisch, Russisch, Schwedisch, Singhalesisch, Serbokroatisch, Slowakisch, Slowenisch, Spanisch, Tartarisch, Tschechisch, Ungarisch, Ukrainisch, Usbekisch, Weißrussisch.

8. Auswahlbibliographie von Werken und Aufsätzen über Georges Simenon

Robert Brasillach: »Le phénomène Simenon«, in *Les Quatre Jeudis*. Les Sept Couleurs, Paris (1944).

Carlo Bronne: »Simenon académicien«, *La Revue des Deux Mondes* (15. Mai 1952).

Id.: *Discours à Simenon*. Presses de la Cité, Paris (1952).

J.-C. Casals: *Simenon en su obra y en la vida*. Editorial Aldor, Barcelona (1957).

Léon Chenoy: »Propos sur Simenon«, *Thyrse* No 1 (1952).

Henri Clouard: *Histoire de la Littérature française, du symbolisme à nos jours*. Band II, S. 325–326. Albin Michel (1962).

Fernand Desonay: »Georges Simenon romancier et académicien«, *La Revue générale belge* (1952).

Maurice Dubourg: *Petite Géographie de Simenon*. Brüssel, Fenêtre ouverte (1960).

Miron Grindea: Artikel über Simenon in der *Encyclopaedia Britannica* (1969).

C. Hanlet: »Simenon et le roman policier«, *Revue générale belge* (Januar 1952).

Marcel Hicter: »Un dimanche avec Simenon«, *Synthèses* (April 1952).

Ferendoun Hoveyda: »On demande l'inspecteur Maigret«, in *Petite Histoire du Roman policier*. Editions du Pavillon, Paris (1956).

Jean Jour: *Simenon et »Pedigree«*. Editions de l'Essai, Lüttich, Brüssel, Paris (1963).

René Kaech: »Figures de médecins«, in *La Littérature contemporaine*. Editions Médecine et Hygiène, Genève (1959).

Cecil Day Lewis: *The New York Times Book Review* (12. November 1967).

Claude Mauriac: »Georges Simenon et le secret des hommes«, in *L'Alittérature Contemporaine*. Ed. Albin Michel (1958). Seither zahlreiche Artikel, besonders in *L'Express*.

Claude Menguy: *»Bibliographie des Editions originales de Georges Simenon, y compris les œuvres publiées sous des pseudonymes« (Le Fivre et l'Estampe*, Nos 49–50, Brüssel 1967).

Marcel Moré: »Simenon et l'enfant de chœur«, *Dieu vivant* (1951).

Thomas Narcejac: *Le Cas Simenon*, Presses de la Cité (1950).

André Parinaud: *Connaissance de Georges Simenon*, Band 1. Presses de la Cité (1957). Mehr nicht erschienen.

Robert Poulet: »Georges Simenon«, *La Lanterne Magique* (1955).

John Raymond: *Simenon in Court, a study*. Hamish Hamilton ed., London (1968).

Anne Richter: *Georges Simenon et l'Homme désintégré*. La Renaissance du Livre (1966).

Quentin Ritzen: *Simenon, avocat des hommes*, Vorwort von Gilbert Sigaux. Le Livre contemporain (1961).

Claude Roy: *L'Homme en question*, pp. 282–287. Gallimard (1960).

Gilbert Sigaux: Vorwort zu *Coup de Lune*, Club français du Livre (1955). Editorische Notizen zu den *Œuvres Complètes*, Rencontre (1967–1970).

Roger Stéphane: *Le Dossier Simenon*. Robert Laffont (1961).

Léon Thoorens: »Georges Simenon romancier de la piste inutile«, *Revue générale Belge*, 15. März 1954.

Id.: *Qui êtes-vous Georges Simenon?* Editions Gérard (1959).

N. J. Tremblay: *»Simenon's* Psychological ›Westerns‹, *Arizona Quarterly*, No 3 (Herbst 1954).

Pol Vandromme: *Georges Simenon*. Collection »Portraits«, No 2. Brüssel (1962).

Bernard de Fallois: *Simenon*. Mit Texten von Henry Miller, Maurice de Vlaminck, Jean Cocteau, Paul Morand, Jean Renoir. Ausführliche Bibliographie und Filmographie. Gallimard (1971).

Francis Lacassin – Gilbert Sigaux (Hrsg.): *Simenon*. Texte, Zeugnisse und Bibliographie. Erstveröffentlichung des vollständigen Briefwechsels zwischen Georges Simenon und André Gide. Plon (1973).

Zeitschriften-Sondernummern:

a) *Les Cahiers du Nord*, Nos 2–3, Charleroi (1939). Texte von André Gide, Jean Cassou, Max Jacob, Vlaminck, René Lalou, André Thérive, Pierre Mille, A. de Monzie, Raymond Escholier, Henri Lavedan, G. W. Stonier und Nestor Miserez (Hrsg. der Zeitschrift).

b) *Adam*, International Review, published by the University of Rochester (Rochester, NY). Nos 328–330 (1969). Artikel von Miron Grindea, Herausgeber von *Adam*, George Cirella, Zeugnisse von Agatha Christie, J. B. Priestley, Cecil Day Lewis, Storm Jameson, C. P. Snow, Henry Miller, Pamela Handford Johnson, Raymond Mortimer, Jean Cassou, Georg Svenson, Harold Hobson. Dazu Texte von Rayner Heppenstall, John Raymond, Thérèse de Saint-Phalle, Ivan Harrie, Eleonore Schraiber. *Bibliographie, filmographie et adaptations théâtrales de Georges Simenon*, von Claude Menguy. Faksimilierte Briefe von: Hermann von Keyserling, Jean Cocteau, Henry Miller und Georges Simenon. Englischer Text von Georges Simenon: *A novelist is a man who writes novels: I insist on the S*. Briefe von André Gide an Georges Simenon. (N. B. In den Nr. 340 bis 342 [1970] derselben Zeitschrift erschien von Richard Austin: *Simenon's Maigret and Alfred Adler*.)

c) *Magazine Littéraire* No 107 (Dezember 1975). Artikel von Claude Menguy, Francis Lacassin, Gilles Costaz, Jean-Didier Wolfromm. Mit einer bisher unveröffentlichten Novelle von Georges Simenon.

9. Deutschsprachige Arbeiten über Georges Simenon

Hans Altenhein: »Ein Traum von Maigret.« In: Jochen Vogt [Hrsg.], *Der Kriminalroman.* Siehe dort.*

Jürg Altwegg: »Der Goethe der schweigenden Mehrheit. Georges Simenon: Ein Romancier auf der Suche nach dem nackten Menschen.« In *Die Zeit* Nr. 15, Hamburg (2. April 1976).*

Jean Améry: »Das fleißige Leben des Georges Simenon. Diesseits und jenseits von Kommissar Maigret.« In *Westermanns Monatshefte* Jg. 106, H. 7 (Juli 1965).*

Alfred Andersch: »Simenon und das Klassenziel«. In *Die Weltwoche,* Zürich, 29. 4. 1966. Wiederabgedruckt in A. A. *Norden Süden rechts und links.* Diogenes: Zürich 1972.*

F. B.: »Ein Balzac unserer Tage. Das Wunder Simenon zwischen Literatur und Gebrauchsliteratur.« In *Der Monat* 106 (Juli 1957).*

Boileau/Narcejac: *Der Detektivroman.* Aus dem Französischen und mit Anmerkungen und einer Bibliographie von Wolfgang Promies. Luchterhand, Neuwied-Berlin (1967). S. 124–126 u. ö.

Maria Ehing: »Der französische Kriminalroman und einer seiner hervorragendsten Vertreter: Georges Simenon.« In *Das Buch* II, Nr. IX (1950).

Helmut Heißenbüttel: *Über Literatur.* Walter, Olten (1966). S. 106 ff.

Georg Hensel: »Maigret und der Himbeergeist.« In *Die Weltwoche* Nr. 17 (28. April 1976).

Claudia Schmölders – Christian Strich [Hrsg.]: *Über Simenon.* Zeugnisse und Essays von André Gide bis Alfred Andersch. Mit einem Interview, Chronik und Bibliographie. Diogenes, Zürich 1978 (= detebe 154).

Julian Symons: *Am Anfang war der Mord.* Wilhelm Goldmann, München (1972). S. 147 ff.*

Jochen Vogt [Hrsg.]: *Der Kriminalroman.* Zur Theorie und Geschichte einer Gattung. 2 Bde. Wilhelm Fink, München (1971).

Jürgen Wolf: »Technik der Schilderung und des Romanaufbaus bei Georges Simenon.« In *Die neueren Sprachen* 41 (1969).

* Texte mit diesem Zeichen sind auch im vorliegenden Band enthalten.

Filmographie

1932   *La Nuit du Carrefour.* Regie: Jean Renoir.
Mit Pierre Renoir (Maigret), Winna Winfried, Georges Koudria, Georges Térof, André Dignimont, Jean Gehret, Michel Duran, Jean Mitry, Robert Dalban, Boulicot, Raabi, Jeanne Pierson, Lucie Vallat, Odette Talazac.

1932   *Le Chien jaune.* Regie: Jean Tarride.
Mit Abel Tarride (Maigret), Robert Le Vigan, Rolla Norman, Rosine Déréan, Lepers, Gildès, Jean Gobet, Paul Azaïs, Sylvette Fillacier.

1933   *La Tête d'un Homme.* Regie: Julien Duvivier.
Mit Harry Baur (Maigret), Inkijinoff, Alexandre Rignault, Gaston Jacquet, Henri Echourin, Marie Bourdel, Louis Gauthier, Gina Manès, Line Noro, Missia, Damia.

1941   *Les Inconnus dans la Maison.* Regie: Henri Decoin.
Mit Raimu, Juliette Faber, André Reybaz, Héléna Manson, Gabrielle Fontan, Mouloudji, Jean Tissier, Marc Doelnitz, Tania Fédor, Jacques Baumer, Noël Roquevert, Marguerite Ducouret, Jacques Grétillat, Lucien Coëdel, Raymond Cordy, Genia Vaury, Arthur Devère, Jacques Denoël, Pierre Ringel, André Brunot.

1941   *La Maison des Sept Jeunes Filles.* Regie: Albert Valentin.
Mit Marianne Hardy, Josette Daydé, Geneviève Beau, Solange Delporte, Primerose Perret, Gaby Andreu, Jacqueline Bouvier (die sieben jungen Mädchen), André Brunot, Jean Tissier, Jean Paqui, Jean Rigaux, René Bergeron, Marguerite Deval, Germaine Sainval.

1941   *Annette et la Dame blonde.* Regie: Jean Dréville.
Nach der Erzählung, die im Januar-Februar 1941 in *Pour Elle* erschien und 1963 in der Sammlung *La Rue aux Trois Poussins* wiederabgedruckt wurde. Mit Louise Carletti, Henri Garat, Mona Goya, Georges Rollin, Simone Valère, Rosine Luguet, Rexiane, Georges Chamarat.

1942   *Le Voyageur de la Toussaint.* Regie: Louis Daquin.
Mit Assia Noris, Jean Desailly, Jules Berry, Simone Valère, Gabrielle Dorziat, Roger Karl, Guillaume de Sax, Alexandre Rignault, Louis Seigner, Marguerite

Ducouret, Mona Dol, Christiane Ribes, Serge Reggiani, Hubert Prélier, Jacques Castelot, Martial Rèbe.

1943 *Monsieur la Souris.* Regie Georges Lacombe.
Mit Raimu, Aimé Clariond, Charles Granval, Gilbert Gil, Aimos, René Bergeron, Paul Amiot, Pierre Jourdan, Micheline Francey, Marie Carlot, Emile Genevois.

1943 *Les Gens d'en face.* (Italienischer Film.)

1943 *Picpus.* Regie: Richard Pottier.
Nach *Signé Picpus.*
Mit Albert Préjean (Maigret), Jean Tissier, Alcide Delmont, Juliette Faber, Guillaume de Sax, Gabriello, Noël Roquevert, Antoine Balpêtré, Pierre Palau, Henri Vilbert, Colette Régis, Gabrielle Fontan, Maximilienne, Héléna Manson, Marguerite Ducouret, Sinoël, Huguette Vivier.

1943 *L'Homme de Londres.* Regie: Henri Decoin.
Mit Fernand Ledoux, Suzy Prim, Jules Berry, Héléna Manson, Jean Brochard, Gaston Modot, René Génin, Mony Dalmès, Blanche Montel, Marcelle Monthil.

1943 *Cécile est morte.* Regie: Maurice Tourneur.
Mit Albert Préjean (Maigret), Santa Relli, Jean Brochard, Germaine Kerjean, Gabriello, Liliane Maigne, Luce Fabiole, Yves Deniaud, Marcel Carpentier, Marcel Raine, Marcel André, Henri Bonvallet, Henri Vilbert, Maurice Salabert, Charles Blavette.

1945 *Les Caves du Majestic.* Regie: Richard Pottier.
Mit Albert Préjean (Maigret), Suzy Prim, Denise Grey, Jean Marchat, Jacques Baumer, Denise Bosc, René Génin, Charpin, Gabriello, Gina Manès, Florelle, Marcel Levesque.

1947 *Panique.* Regie: Julien Duvivier. Adaption und Dialoge: Charles Spaak.
Nach *Les Fiançailles de Monsieur Hire.*
Mit Michel Simon, Viviane Romance, Paul Bernard, Lucas Gridoux, Max Dalban, Lita Recio, Jenny Leduc, Michèle Auvray, Josiane Dorée, Suzanne Després.

1947 *Dernier Refuge.* Regie Marc Maurette.
Nach *Le Locataire.*
Mit Raymond Rouleau, Mila Parély, Gisèle Pascal, Jean Max, Noël Roquevert, Tramel, Marcelle Monthil.

1948   *Le Port de la Tentation.* (Englischer Film. Originaltitel: *Temptation Harbour.*) Regie: Lance Confort.
Nach *L'Homme de Londres,* englisch unter dem Titel *Newhaven-Dieppe.*
Mit Robert Newton, Simone Simon, William Hartnell, Marcel Dalio, Margaret Barton, Ed. Rigby, Joan Hopkins.

1948   *Home-Town* (in England).
Nach *Faubourg.*

1948   *L'Homme de la Tour Eiffel.* (Französisch-amerikanischer Film. Originaltitel: *The Man of the Eiffel Tower.*)
Regie: Burgess Meredith und M. Allen.
Nach *La Tête d'un Homme.*
Mit Charles Laughton (Maigret), Franchot Tone, Robert Hutton, Bill Phibbs, Joan Wallace, Patricia Roc, Belita und Burgess Meredith.

1950   *La Marie du Port.* Regie: Marcel Carné.
Mit Jean Gabin, Blanchette Brunoy, Nicole Courcel, Louis Seigner, Marie Marken, Claude Romain, Julien Carette.

1951   *La Vérité sur Bébé Donge.* Regie: Henri Decoin.
Mit Danielle Darrieux, Jean Gabin, Daniel Lecourtois, Claude Génia, Gabrielle Dorziat, Jacqueline Porel, Gaby Bruyère, Jacques Castelot, Marcel André, Madeleine Lambert, Juliette Faber, Meg Lemonnier, A. Kristensen.

1952   *Paris-Express.* (Amerikanischer Film. Originaltitel: *The Man who watched the trains go by.*) Regie: Harold French.
Nach *L'Homme qui regardait passer les Trains.*
Mit Claude Rains, Marta Toren.

1952   *Brelan d'As.* Regie: Henri Verneuil.
Film in Episoden, darunter eine Adaption von *Témoignage de l'Enfant de Chœur.*
Mit Michel Simon (Maigret) et Christian Fourcade.

1952   *Le Fruit défendu.* Regie: Henri Verneuil.
Nach *Lettre à mon Juge.*
Mit Fernandel, Claude Nollier, Françoise Arnoul, Sylvie, Raymond Pellegrin, René Génin, Jacques Castelot, Fernand Sardou, Pierrette Bruno.

1952   *La Neige était sale.* Regie: Luis Saslavsky.

Mit Daniel Gélin, Valentine Tessier, Daniel Ivernel, Marie Mansart, Vera Norman, Nadine Basile, Antoine Balpêtré.

1955 *Maigret dirige l'Enquête.* Regie: Stany Cordier.
Film in Episoden, darunter eine Adaption von *Cécile est morte.*
Mit Maurice Manson (Maigret), Peter Walker, Svetlana Pitoëff.

1956 *Le Sang à la Tête.* Regie: Gilles Grangier.
Nach *Le Fils Cardinaud.*
Mit Jean Gabin, Renée Faure, Paul Frankeur, Georgette Anys, Monique Mélinand.

1957 *The Brothers Rico.* (Amerikanischer Film.) Regie: Phil Karlson.
Nach *Les Frères Rico.*
Mit Richard Conte, Diana Foster, Kathryn Grant.

1957 *Le Fond de la Bouteille.* (Amerikanischer Film.) Regie: Henry Hathaway.
Mit Van Johnson, Joseph Cotten, Margaret Hays, R. Roman.

1958 *La Passager clandestin.* (Französisch-australischer Film.) Regie: Ralph Habib.
Mit Martine Carol, Serge Reggiani, Arletty.

1958 *Maigret tend un Piège.* Regie: Jean Delannoy.
Mit Jean Gabin (Maigret), Annie Girardot, Jean Desailly, Lucienne Bogaërt, Guy Decomble, Hubert de Lapparent, Paulette Dubost, Roger Lannes, Jeanne Boitel, Alfred Adam, Jean Debucourt, Gérard Séty, Olivier Hussenot, Jean Tissier, Jane Marken, André Valmy, Lino Ventura, Dominique Page, Maurice Sarfati, Raphaël Patorni, Nadine Basile.

1958 *En Cas de Malheur.* Regie: Claude Autant-Lara. Adaptation und Dialoge: Jean Aurenche und Pierre Bost.
Mit Jean Gabin, Brigitte Bardot, Edwige Feuillère, Franco Interlenghi, Julien Bertheau, Nicole Berger, Mathilde Casadesus, Madeleine Barbulée, Jacques Clancy, Annick Allières, Gabrielle Fontan.

1959 *Maigret et l'Affaire Saint-Fiacre.* Regie: Jean Delannoy.
Nach *L'Affaire Saint-Fiacre.*
Mit Jean Gabin (Maigret), Valentine Tessier, Michel

Auclair, Robert Hirsch, Marcel Pérès, Paul Frankeur, Michel Vitold, Jacques Morel.

1959 *Le Baron de l'Ecluse.* Regie: Jean Delannoy.
Mit Jean Gabin, Micheline Presle, Jean Desailly, Jacques Castelot, Blanchette Brunoy, Alexandre Rignault, Jean Constantin, Jacques Hilling, Robert Dalban, Louis Seigner, J.-P. Jaubert.

1960 *Simenon, Arbre à Romans.* (Schweizerischer Film.) Regie: Jean-François Hauduroy. Film-Reportage, gedreht in Echandens. Mit Michel Simon in der Rolle des »Président« für eine Teilverfilmung des Romans.

1961 *La Mort de Belle.* Regie: Edouard Molinaro. Adaptation und Dialog: Jean Anouilh.
Mit Jean Desailly, Alexandra Stewart, Monique Mélinand, Yvette Etievant, Jacques Monod, Marc Cassot, Yves Robert, Maurice Teynac.

1961 *Le Président.* Regie: Henri Verneuil. Adaptation von Maurice Druon.
Mit Jean Gabin, Bernard Blier, Alfred Adam, Renée Faure.

1962 *Le Bateau d'Emile.* Regie: Denys de La Patellière. Adaptation und Dialog von Michel Audiard.
Mit Lino Ventura, Annie Girardot, Michel Simon, Pierre Brasseur.

1963 *L'Aîné des Ferchaux.* Regie: Jean Pierre Melville. Adaptation und Dialog vom Regisseur.
Mit J.-P. Belmondo, Charles Vanel, Michèle Mercier, Andrex, André Certes, Barbara Sommers.

1963 *Maigret voit rouge.* Regie: Gilles Grangier.
Nach *Maigret, Lognon et les Gangsters.*
Mit Jean Gabin (Maigret), Françoise Fabian, Vittorio Sampoli, Marcel Bozzufi, Paulette Dubost, Armontel, Guy Decomble, Paul Carpentier, Edouard Meers, Ricky Cooper.

1965 *Trois Chambres à Manhattan.* Regie: Marcel Carné.
Mit Maurice Ronet, Annie Girardot, Roland Lesaffre, O. E. Hasse, Gabriel Ferzetti.

1967 *Le Commissaire Maigret à Pigalle.* (Italienischer Film. Originaltitel: *Maigret à Pigalle.*)
Nach *Maigret au Picratt's.*

Mit Gino Cervi (Maigret), Lila Kedrova, Alfred Adam, Raymond Pellegrin.

1967   *Les Inconnus dans la Maison.* (Englischer Film. Original-titel: *Stranger in the House.*) Regie: Pierre Rouve.
Mit Geraldine Chaplin, James Mason, Bobby Darin.

1968   *Maigret fait Mouche.* (Österreichischer Film. Originaltitel: *Maigret und sein größter Fall.*) Regie: Alfred Weidenmann.
Nach *La Danseuse du Gai-Moulin.*
Mit Heinz Rühmann (Maigret).

1971   *Le Chat.* (Französischer Film.)
Regie: Pierre Granier-Deferre
mit Simone Signoret, Jean Gabin

1971   *La Veuve Couderc* (Französischer Film).
Regie: Pierre Granier-Deferre
mit Alain Delon, Simone Signoret.

1973   *Le Train* (Französischer Film).
Regie: Pierre Granier-Deferre
mit Jean-Louis Trintignant, Romy Schneider.

1974   *L'Horloger d'Everton* (Französischer Film).
Regie: Bertrand Tavernier
mit Philippe Noiret, Jean Rochefort, Jacques Denis, Silvain Rougerie, Andrée Tainsy.

Verfilmungen von *Der Mörder* (erstmals deutsch 1977 im Diogenes Verlag) und *Bellas Tod* für das Zweite Deutsche Fernsehen sind in Vorbereitung.

Theater-Bearbeitungen*

a) *Stücke*

Quartier nègre. Stück in drei Akten und sieben Bildern von Georges Simenon nach dem gleichnamigen Roman. Musik von Maurice Jaubert. Bühnenbild von R. Moulaert. Schauspieler: Jean-Pierre Aumont, Mayomi, Max Péral, Jean Croisier, etc. Premiere: Brüssel, Théâtre Royal des Galeries Saint-Hubert, 3. Dezember 1936 (bis zum 22. 12.).

Le Pavillon d'Asnières. Stück in drei Akten, nach *La Nuit de Sept Minutes.* Adaption von Charles Méré und Robert Ancelin. Premiere: Paris: Théâtre de la Porte – Saint-Martin. 12. April 1943.

La Neige était sale. Stück in drei Akten von Georges Simenon und Frédéric Dard. Regie von Raymond Rouleau. Schauspieler: Raymond Rouleau, Daniel Gélin, Lucien Bogaërt. Premiere: Paris, Théâtre de l'Œuvre, 12. Dezember 1950.

Liberty Bar. Kriminalkomödie in drei Akten von Frédéric Valmain, nach dem gleichnamigen Roman von Georges Simenon. Regie von Jean Dejoux, mit Jean Morel als Maigret, Rellys, Georgette Anys, Frédéric Valmain, Mary Morgan. Kreiert in Paris im Théâtre Charles-de-Rochefort, am 17. Oktober 1955.

Le Flair du Petit Docteur. England, 1956 *(The Man who Ran Away).*

Liberty Bar. Adaptation von Giorgio Bandini. Premiere: Rom, 22. Oktober 1959.

Les Scrupules de Maigret. Adaption von Charles Regnier. Premiere: Zürich 1960.

Maigret se trompe. Stück in drei Akten. Adaptation von Arturo Rigel. Premiere: Madrid 1960.

b) *Ballett*

La Chambre. Musik von Georges Auric. Bühnenbild von Bernard Buffet. Choreographie von Roland Petit. Erstaufführung in Paris, Théâtre des Champs-Elysées, 21. Dezember 1955.

---

* Die Hörfunk- und Fernsehadaptationen sind zu zahlreich, um hier einzeln aufgeführt zu werden.

Nachweise

Den Vortrag *Der Romancier* hat Georges Simenon am 20. November 1945 im Institut français, New York, gehalten. Der Text erschien erstmals in der Februar-Nummer von *The French Review* 1946. Abdruck mit freundlicher Genehmigung des Autors.

ZEUGNISSE: Die Zitate von André Gide, Max Jacob und Vlaminck stammen aus *Les Cahiers du Nord*, 13. Jg., Nr. 51–52, 1939. Deutsch von Trude Fein.

Das Zitat von Hermann Graf Keyserling stammt aus dem Band *Reise durch die Zeit,* erschienen im Liechtenstein Verlag, Vaduz 1948.

Die Zitate von Jean Cocteau, Jean Renoir und Paul Morand sind dem Band von Bernard de Fallois entnommen: *Simenon.* Paris: Gallimard 1971. Die Erstausgabe des Buches erschien 1961. Die Texte wurden übersetzt von Trude Fein. Abdruck mit freundlicher Genehmigung der Librairie Gallimard.

Der Text von Henry Miller erschien erstmals in der Zeitschrift *Candide* Nr. 4, Mai 1961. Die deutsche Übersetzung von Ute Haffmans erschien erstmals in *Das Tintenfaß* Nr. 26 im Diogenes Verlag. Abdruck mit freundlicher Genehmigung der Agence Hoffmann, München.

Die Zitate von Jean Paulhan (deutsch von Renate Nickel), Harold Hobson, Georg Svensson, Jean Cassou, Raymond Mortimer, Pamela Hansford Johnson, C. P. Snow, C. Day Lewis sind entnommen der Zeitschrift *Adam,* International Review, Nr. 328–330, 1969. Alle deutsch von Trude Fein.

Das Zitat von Patricia Highsmith stammt aus der Rezension einer Simenon-Biographie: *Simenon in Court,* in: New York Times Book Review, 16. 3. 1969, Deutsch von Claudia Schmölders.

Die Bemerkung von Federico Fellini übersetzte Trude Fein.

ESSAYS: François Bondy, Das Wunder Simenon. In: *Der Monat.* Juli 1957. Nr. 106. Abdruck mit freundlicher Genehmigung des Autors.

Luke Parsons, Simenon and Chandler. In: *Contemporary Review* Nr. 167, 1960.

Bernard de Fallois, Ce vice impuni, Simenon. Aus: B. d. F.: *Simenon*. Paris: Gallimard 1971, S. 49–54.

Robert Kanters, Simenon, l'anti-Balzac. In: *Le Figaro littéraire*. 18. Mai 1963. Abdruck mit freundlicher Genehmigung Jean Amérys, Das fleißige Leben des Georges Simenon. In: Westermanns Monatshefte. 106. Juli 1965. Abdruck mit freundlicher Genehmigung des Autors.

Alfred Andersch, Simenon und das Klassenziel. In: *Die Weltwoche*, Zürich, 29. 4. 1966. Wiederabgedruckt in A. A., Norden Süden rechts und links. Diogenes: Zürich 1972. Abdruck mit freundlicher Genehmigung des Autors.

Hans Altenhein, Ein Traum von Maigret. In: *Süddeutsche Zeitung* 11./12. 1. 1969. Abdruck mit freundlicher Genehmigung des Autors.

Julian Symons, Simenon und sein Maigret. Aus: J. S., *Bloody Murder*. Faber & Faber: London 1972. Das Buch erschien auf deutsch unter dem Titel *Am Anfang war der Mord*. Goldmann: München 1972. Abdruck mit freundlicher Genehmigung der Verlage.

Georg Hensel, Simenon und sein Kommissar Maigret. Erstdruck mit freundlicher Genehmigung des Autors.

Jürg Altwegg, Der Goethe der schweigenden Mehrheit. In: *Die Zeit* Nr. 15, 2. April 1976. Abdruck mit freundlicher Genehmigung des Autors.

Die folgenden Aufsätze erschienen in dem Sammelband: *Simenon,* Ed. par Francis Lacassin et Gilbert Sigaux. Plon: Paris 1973:
François Mauriac, Les Anneaux de Bicêtre; Pierre Boileau, Quelque chose de change dans le roman policier; Thomas Narcejac, Le Point Omega; Gilbert Sigaux, Lire Simenon; Eléonore Schraiber, Simenon et la littérature russe. Abdruck mit freundlicher Genehmigung der Edition Plon.

Der Aufsatz von Gilbert Sigaux, Son dernier personnage: lui-même, sowie das Interview mit Françis Lacassin stammen aus dem *Magazin littéraire* Nr. 107, Dec. 1975. Abdruck mit freundlicher Genehmigung der Autoren.